Wir sind mehr als Liebe

Riaz

A.K. Linn

SW Korrekturen e.U., www.swkorrekturen.eu

Cover: D-Design Cover Art

1. Alles wie immer ... fast

Genervt starre ich auf meinen Bildschirm. Eigentlich mag ich meinen Job. Ich bin selbstständiger Immobilienscout und kann mir meine Arbeit außerhalb von meinen Kundenterminen selbst einplanen. Mit gerade mal dreißig Jahren so selbstständig zu sein gefällt mir.

Aber heute will die Zeit einfach nicht vorbeigehen. Es könnte daran liegen, dass ich gleich mit meinen besten Freunden zum DVD-Abend verabredet bin und ich sie alle schon viel zu lange nicht mehr gesehen habe.

Wir sind zu fünft, seit jeher. Damien kenne ich seit dreißig Jahren, also unser gesamtes Leben lang. Elyas, Curley und Roy seit neunundzwanzig. Was aber nur daran liegt, dass sie ein Jahr jünger sind als ich. Curley sogar fast zwei. Wir sind ein eingeschworenes Team, aber das Leben macht es uns viel zu schwer, regelmäßig Zeit miteinander zu verbringen. Ja, Damien und Elyas sehe ich öfter, schließlich haben wir eine WG miteinander, aber es ist nicht das Gleiche, wenn wir nicht alle fünf zusammen sind.

Ich schaue auf das kleine Bild, das Curley mir für den Schreibtisch geschenkt hat. Es ist ein Foto von uns beiden. Sie küsst mich auf die Wange und darunter steht mit Photoshop eingefügt: "Für meinen besten Freund Riaz." Ich habe es aufgestellt, obwohl ich weiß, dass wir alle vier das gleiche Geschenk zu Weihnachten bekommen haben. So ist Curley nun mal, und ich liebe sie genau so, wie sie ist.

Ich sehe aus dem Fenster und kann das Treiben auf dem Supermarktparkplatz beobachten. Mein Büro liegt direkt über dem Lebensmittelriesen. Es hat Vorteile, ich kann nach dem Arbeiten kurz was einkaufen, ohne einen zusätzlichen Stopp einzulegen, zum Beispiel.

Es hat aber auch Nachteile. Es gibt keine separaten Mitarbeiter-Parkplätze, weshalb ich mein Baby ungeschützt all den Einkaufswagen aussetzen muss, die dort umher geschoben werden. Mein Baby heißt Carmen und ist ein Porsche 911. Ganz klassisch in Grau. Ich liebe sie. Außer Curley ist sie die einzige Frau, für die Platz ist in meinem Leben.

Eine Abgaswolke, einige Parklücken von Carmen entfernt, erregt meine Aufmerksamkeit. Belustigt beobachte ich denjenigen, der versucht, das winzig kleine Auto aus der Parklücke zu manövrieren. Ein Smart ist einfach nicht das richtige Winterauto für Philadelphias Straßen. Die Trennscheiben, die sie an diesem Bobbycar Reifen nennen, drehen in dem bisschen Schnee laufend durch. Jemand sollte ihr sagen, dass es keinen Sinn macht, auf dem Gas zu bleiben, wenn das ESP schon lange dichtgemacht hat.

Kopfschüttelnd wende ich mich wieder meinem PC zu und stelle erfreut fest, dass es endlich Zeit ist, zu gehen. Ich ziehe mir meine Lederjacke über und die Beenie auf den Kopf. Ich bin der Jeans-und-Sweatshirt-Typ. Wenn ich also nicht gerade einen Anzug tragen muss, weil ich einen Kundentermin habe, sieht man mich für gewöhnlich immer nur in lässigen Klamotten.

Ich glaube, ich kann mit Stolz sagen, ich bin der Einzige, an dessen Klamotten Curley nicht rumnörgelt.

Vielleicht aber auch nur, weil sie weiß, dass

sie bei mir auf Granit beißen würde. Ich würde mich nicht unbedingt als stur bezeichnen. Ich weiß eben nur, was ich will. In jeder Beziehung.

Als ich auf den Parkplatz komme, drehen die Trennscheiben des Smarts immer noch durch. Warum kann nicht irgendjemand für fünf Sekunden sozial sein und ihr helfen? Also außer ich, weil ich eigentlich zu Curley will.

Niemand – und ich meine wirklich niemand – auf diesem ganzen beschissenen Parkplatz macht Anstalten, zu diesem schwarzen Loch an Fahrerintelligenz zu gehen, also bleibt mir nichts anderes übrig, als ihr zu helfen.

Als ich an dem Bobbycar vorbeigehe, drückt der Fahrer noch mal richtig aufs Gas und bespritzt mich mit einer Ladung Schneematsch, was meine Laune gleich noch weiter hebt.

Etwas fester als nötig klopfe ich an das Fenster. Die Fahrerin … ehrlich gesagt habe ich auch nichts anderes erwartet, zuckt heftig zusammen. Dann lässt sie die beschlagene Scheibe herunter. Sie sieht süß aus. Kleines, blondes Ding mit riesigen blauen Augen, die – ich habe es befürchtet – bis zum Rand mit Wasser gefüllt sind.

Es gibt nichts, was ich in meinem Leben mehr hasse als heulende Frauen. Wirklich! Etwas in meinem Inneren sträubt sich mit Händen und Füßen dagegen.

Vielleicht liegt es daran, dass ich laut unserer Mum immer schuld war, wenn meine Schwester geheult hat.

Ich weiß es nicht. Ich bin schließlich kein Psycho-Doktor und gehe auch zu keinem.

"Ja?", fragt sie mit dieser Zitterstimme, die weinenden Prinzessinnen vorbehalten ist.

Normale Menschen können diese Kombination aus weidwundem Blick, bebender Unterlippe und einer dennoch verständlich artikulierten Frage nicht. Das ist ein Prinzessinnen-Ding, mit denen sie alles und jeden um ihre kleinen Finger wickeln.

"Wenn die Reifen durchdrehen, bringt es nichts, auf dem Gas zu bleiben." Ich merke sofort, dass mein Ton etwas zu schroff war, weil jetzt nicht nur ihre Unterlippe, sondern auch ihre Nase dieses Zittern hat. Eine süße kleine Nase, by the way. Aber auch das ist so ein Prinzessinnen-Ding. Würden sie nicht so niedlich aussehen, würde ihnen diese ständige Hilflosigkeit schließlich keiner abnehmen.

Zur Krönung schnieft sie. Ich habe keine Ahnung, wie sie es anstellt, aber sogar das sieht bei ihr irgendwie süß aus.

"Ich komme zu spät zu meinem ersten Arbeitstag und weiß einfach nicht, wie ich hier rauskomme." Ihre Stimme ist rau und klingt eher, als würde sie im Bett darum betteln, kommen zu dürfen.

Mein Schwanz findet es gut – wenn das Heulen nicht wäre.

Schnell schüttle ich den Gedanken ab. Die Telefonsexstimme tut jetzt nichts zur Sache.

"Du musst Gas geben; wenn die Reifen durchdrehen runter vom Gas, zurückrollen lassen und wieder Gas geben. Ich schiebe mit, dann bist du gleich draußen. Alles klar?"

Schniefend nickt sie, und ich bin mir nicht sicher, ob sie mich wirklich verstanden hat oder nur eine dieser notorischen Ja-Sagerinnen ist.

Ich gehe hinter den Wagen und ärgere mich darüber, wie dreckig er ist. Wann zum Teufel hat sie ihn zum letzten Mal gewaschen? Mit diesen Händen muss ich später Carmen anfassen … vielleicht gehe ich aber auch lieber noch mal rein und wasche mir die Hände. Ich bin noch gar nicht so weit, als sie das erste Mal Gas gibt. Zu viel natürlich, wodurch ich eine volle Ladung Schneematsch auf meine Hose bekomme.

"Weniger Gas!", rufe ich und bekomme prompt die nächste Ladung ab, aber das Prinzip mit dem Zurückrollen scheint sie zumindest verstanden zu haben.

Überraschenderweise macht sie es nicht halb so schlecht wie erwartet. Schon beim dritten Anlauf ist sie aus der Parklücke draußen. Meine Hose ist nass und voller Matsch, aber ich habe eindeutig Karma-Punkte gesammelt.

Sie bremst den Wagen noch mal ab und öffnet die Tür. Sie schwingt ihre Beine aus dem Wagen. Beine, die in verdammt sexy Stiefeln stecken, die absolut nicht dazu gemacht sind, sich im Winter draußen zu bewegen. Wo zum Teufel arbeitet sie? In einem Stripclub? Ihre Beine sind schlank und ihr winziger Apfelarsch wird von einer knallengen Jeans verdeckt.

Während ich sie mustere, gehe ich weiter auf sie zu. Sie ist heiß, definitiv heiß. Als ich vor ihr stehen bleibe, wandert mein Blick wieder zu ihrem Gesicht. Man sieht noch deutlich die Spuren ihrer Heulattacke, was mich sofort wieder abturnt.

Plötzlich hebt sie ihre Hand und wischt mir über die Stirn. "Matsch am Kopf", sagt sie, als wäre das nicht ihre Schuld. Ich will sie gerade darauf hinweisen, als sie schon weiterplappert. "Vielen Dank für die Hilfe! Ich mache gleich nach dem Arbeiten einen Termin zum

Reifenwechseln aus. Geht wohl doch nicht mit Sommerreifen." Dann kichert sie.

SIE KICHERT!

Mir klappt der Mund auf. Nicht nur sinnbildlich, sondern wirklich. Ist das ihr Ernst? Philadelphia! Im Januar! Ich würde sie gern schütteln, doch sie lehnt sich einfach nach vorn und küsst mich auf die Wange. "Vielen Dank!" Zack, schwingt sie ihren süßen Arsch ins Auto, strahlt mich noch einmal aus diesen riesigen blauen Augen an und fährt winkend vom Parkplatz.

Ich bin ehrlich gesagt ein bisschen fassungslos. Über die Stimmungsschwankungen von heulend zu strahlend, über die Sommerbereifung von Bobbycar und Frau, über die Selbstverständlichkeit, mit der sie einen Wildfremden auf die Wange küsst, und darüber, dass sie mir meine Vierhundert-Dollar-Jeans versaut hat und nicht mal auf die Idee kommt, zu fragen, ob sie die Reinigung übernehmen soll.

Das Klingeln meines Handys reißt mich aus dieser Starre. Eine Nachricht von Curley. Einer normalen Frau. Gott sei Dank. Jeden anderen hätte ich nach dieser Aktion wahrscheinlich blöd angemacht.

C: M&M's bitte, bitte!!

Ich verdrehe die Augen. Sie weiß ganz genau, dass ich schon auf dem Weg zu ihr bin … oder sein sollte, wenn ich Prinzessin Sommerlich nicht gerade den Arsch gerettet hätte.

Ich schicke ihr einen Stinkefinger und bin nicht sonderlich überrascht, dass ich ein Küsschensmiley zurückbekomme. Curley weiß einfach, dass sie mich am Sack hat. Sie ist wie die gute kleine Schwester. Nicht wie June, die für mich irgendwie immer nur Ärger bedeutet.

June ist ein bisschen wie Prinzessin Sommerlich.

Die beiden leben einfach so in den Tag hinein und verlassen sich darauf, dass irgendjemand ihnen schon den Arsch retten wird.

Energisch schüttle ich diese beschissenen Gedanken ab. Es kann mir ganz egal sein. *Sie* kann mir ganz egal sein. Ich bin nur noch eine M&M's-Packung von meinen Freunden und einem perfekten Abend entfernt.

Ich weiß, dass sie mich erwarten, also klingle ich nicht, sondern schließe die Tür einfach auf und gehe hinein. Ich habe schon immer einen Schlüssel zu Curleys Zuhause, ob es nun diese

WG ist oder damals das Haus von Curleys Mum. Wenn ihre Mutter manchmal nicht über Nacht nach Hause gekommen ist, hat Curley einen von uns angerufen, damit wir ihr Gesellschaft leisteten und sie keine Angst zu haben brauchte.

Heute hat sie Roy; aber wer weiß, wenn dieser Idiot sie mal wieder so zum Weinen bringt wie vor ein paar Monaten, komme ich höchstpersönlich und hole Curley ab. Schließlich ist sie immer noch meine Curley, einer der wichtigsten Menschen in meinem Leben.

Nachdem ich die Bande begrüßt habe, ziehe ich Curley mit mir auf die Sofaliege. Ich würde es niemals offen zugeben, aber sie fehlt mir. Sie fehlt mir so sehr, dass ich manchmal nachts wach liege und nach Ausreden suche, warum ich zu den beiden fahren sollte.

Ja, natürlich, im Prinzip hat sich nichts an unserer Freundschaft geändert.

Wenn man es genau nimmt, waren es ja schon immer Roy und Curley und der Rest. Nur musste ich mir einfach nie Gedanken machen, ob ich die beiden bei irgendetwas stören würde, wenn ich zu ihnen gefahren war.

Jetzt ist das anders. Wenn ich jetzt nachts um zwölf in ihre Wohnung fahre, kann es gut sein, dass die beiden Sex haben – und bei Gott, das ist kein Anblick, den ich wiederholt sehen möchte. Es ist, als würde man seine Geschwister beim Sex ertappen. Miteinander.

Mir läuft es eiskalt den Rücken runter. Ich traue mich kaum noch in ihre Wohnung. Immerhin ist die Gefahr doppelt so hoch. Zum einen könnte ich Roy und Curley vögeln sehen, zum anderen auch meine Schwester. Die ist vor wenigen Wochen bei den beiden eingezogen. Erst dachte ich, es wäre eine gute Idee. Ich könnte sie im Auge behalten. So war der Plan. Was ich allerdings vergessen habe einzuplanen: wie es so ist, eine sehr verwöhnte kleine Schwester zu berücksichtigen. Aber das ist ein ganz anderes Thema.

Curley kichert, als ich sie an meine Brust ziehe. Ich habe sie vermisst. Wirklich. Curley ist wie nach Hause kommen. Ich kann sie im Arm halten, ohne dass sie von mir mehr erwarten würde. Und ja, manchmal will auch ich einfach nur ein bisschen Nähe.

Vielleicht ein Kindheitstrauma, wer weiß das schon.

Curley ist weich; als sie sich an mich schmiegt, erinnere ich mich wieder daran, wie gern ich das mag. Sie legt ihre Wange auf meine Brust und brabbelt irgendwas. Ich höre ihr nicht zu, genieße einfach nur den Augenblick.

Damien hat uns entdeckt, und ich sehe genau, dass er den gleichen Gedanken hat wie ich. Er lässt Roy mitten im Gespräch stehen und wirft sich auf Curleys andere Seite. Sie will sich zu ihm umdrehen, aber ich lasse sie nicht.

"Bleib", sage ich leise und drücke sie fest an mich. "Ihr seid böse!", beschwert sie sich.

"Roy hat dich die ganze Woche, heute gehörst du allein uns", sagt Damien und tätschelt ihren Arsch.

Elyas fängt mit Damien eine Diskussion darüber an, wie unfair es sei, dass er gar nichts von Curley habe, aber mir ist es egal. Ich ignoriere die beiden und genieße es lieber, Curley im Arm zu halten.

Sie riecht so gut. Nur nach Curley und nicht nach tonnenweise Parfüm und Bodylotion, die echt ekelhaft schmeckt.

"Geht's dir gut?", fragt Curley plötzlich leise.

"Immer doch, Süße." Sie drückt mich fester an sich, und in diesem Moment ist wirklich alles gut, weil alles wie immer ist.

Es sind nur Roy, Damien, Elyas und ich und wie wir uns darum streiten, wer mehr Anspruch auf Curley hat. Ich liebe diese Idioten. Allesamt!

"Riaz?" Curleys streichelnde Hand auf meiner

Brust macht mich ganz schläfrig. "Roy fährt nächste Woche weg. Kann ich bei euch pennen?"

"Warum fragst du?" Es ärgert mich, dass sie fragt. Sie könnte noch heute mit Sack und Pack in der Wohnung auftauchen und einziehen. Sie gehört zu uns, wir sind eine Familie. Nicht blutsverwandt, aber es ist viel mehr zwischen uns. Wir haben unser gesamtes Leben miteinander verbracht. Vom Sandkasten über die Schule und die Uni, bis jetzt.

"Weil Tony noch hier wohnt und Roy nicht so begeistert ist, dass ..."

Bevor ich Curley schütteln kann, tätschelt Damien ihr abermals den Arsch. "Er meint, warum du fragst. Sonst bist du doch auch einfach gekommen. Mi casa es tu casa. Du kannst immer noch kommen und gehen, sooft du willst."

Ich spüre Curleys Lächeln auf meiner Brust und muss einfach meine Lippen auf ihren Scheitel drücken.

"Öfter kommen und weniger gehen würde mir besser gefallen", sage ich leise und streichle über ihren Rücken.

"Ich gelobe Besserung."

Elyas und Roy haben aufgegeben und quetschen sich neben mir und Damien auf die Liege. Dass es mittlerweile eine zweite in der

Wohnung gibt, ist irrelevant. Wir sind irgendwie doch auch nur Gewohnheitstiere.

"Das ist meine Wohnung und Curley ist meine Freundin. Warum genau hab ich diesen beschissenen Randplatz?"

"Was mein, ist dein und so", murmelt Damien, der schon in die Fernbedienung vertieft ist, um den Film zu starten.

"Außerdem gibt es bei DVD-Abenden sowieso die Keine-Freundin-Regel, erinnerst du dich?", fragt Elyas und drängelt, damit er mehr Platz am Rand hat.

Curley wird zwischen Damien und mir eingequetscht. Sie kichert, doch bevor sie etwas sagen kann, ruft Roy: "Keine sexuellen Anspielungen, Curley. Wir haben Mitbewohner, die das nicht verstehen."

"Was verstehe ich nicht?", fragt Tony, der genau in diesem Moment zur Tür hereinkommt. Dann runzelt er die Stirn.

"Also außer dass ihr zu fünft auf einer Liege liegt, obwohl es eine zweite gibt." Sein Stirnrunzeln vertief sich, als er sieht, wie Curley an mich geschmiegt daliegt. "Also und das." Er macht eine Handbewegung, die Curley und mich einschließt.

"Das alles musst du gar nicht verstehen, Tony.

Wir sind mehr als Liebe. Entweder setzt du dich jetzt hin oder du gehst wieder. Der Film fängt an", sagt Curley.

Kopfschüttelnd verzieht Tony sich auf seine eigene Liege. Es stört mich, dass er im Raum ist, aber ich habe wohl kaum Mitspracherecht.

"Weißt du, Curley, in solchen Momenten bin ich echt froh, dass es mit uns nicht geklappt hat", sagt Tony.

Der Kerl nervt mich wirklich. Ich will ihn nicht hier haben. Es ist, als würde man mit der Familie essen und der Typ vom Finanzamt, der einem schon die ganze Zeit auf den Sack geht, sitzt mit am Tisch.

Roy schnaubt. "Als hätte ich das zugelassen. Curley ist viel zu gut für dich und mit uns ist alles in Ordnung."

"Ich mein ja nur … welcher normale Kerl würde das mitmachen?", legt Tony nach, und ich schwöre, wenn ich nicht Curley im Arm hätte, würde ich ihn eigenhändig aus der Wohnung werfen.

"Ich bin dafür, dass Elyas ihn rauswirft", sagt Damien, als hätte er meine Gedanken gelesen.

"Warum ich?" Elyas greift nach Curleys Hand, die auf meiner Brust liegt, und ich bin kurz davor, ihn von der Liege zu schubsen.

"Weil Roy ihn nicht rauswerfen darf, ohne Ärger mit Curley zu bekommen, und weder Riaz noch ich aufstehen werden und damit unsere Plätze aufgeben", erklärt Damien, als wäre Tony gar nicht im Raum.

So ist es immer. Wir fünf sind ein Team und der Rest interessiert uns einen Scheißdreck.

"Curley ist jedem von euch böse, der Tony rauswirft", sagt mein Lieblingsmädchen und wedelt dann mit der Hand in Damiens Richtung. "Du hast genau fünf Sekunden, um den Film zu starten, sonst hole ich Twilight und wir schauen den an!"

Schon bei Twilight hatte Damien auf Start gedrückt.

Irgendwann im Laufe des dritten Films muss ich eingeschlafen sein. Ich wache erst auf, als Roy Curley von mir wegzieht. "Komm, wir gehen schlafen, Baby", flüstert er. Es wird scheißkalt neben mir, auch wenn Curley eine Decke über mir ausbreitet. Widerwillig schlage ich die Augen auf.

"Hey ... schlaf weiter", flüstert sie. Aber ich will nicht. Sie fehlt mir, und es stört mich, dass nicht mehr alles so ist, wie es einmal war. Das macht keinen Sinn, das ist mir durchaus klar.

Finster funkle ich Roy an, der hinter Curley steht und sie im Arm hält. Immerhin ist es seine Schuld.

Er hat mit seiner beschissenen Verliebtheit alles auf den Kopf gestellt.

"Die anderen sind nach Hause gegangen", sagt Roy und hat diesen Blick drauf, der mir nahelegt, das Gleiche zu tun. "Oder du bleibst einfach hier, wie Tony."

Wie der streunende Hund, dem man Obdach gewährt. Nein, danke!

"Du kannst auch bei uns pennen", sagt Curley. Sie sieht nicht, dass Roy sein Gesicht verzieht, weil er sie lieber für sich allein hätte.

"Passt schon", sage ich und stehe auf. Ich gehe lieber nach Hause, das ist besser, als hier wie das fünfte Rad am Wagen rumzuhängen.

Weil ich sauer bin auf Roy … und, ja okay, zugegeben, weil sie mir verdammt noch mal fehlt, küsse ich Curley auf den Mund.

Ehe noch einer von beiden einen Kommentar abgeben kann, verziehe ich mich aus der Wohnung.

Es tut zu sehr weh, aus etwas ausgeschlossen zu werden, was ich irgendwie schon seit je her für sicher gehalten hatte.

Vor dem Haus steht meine geliebte Carmen.

Wie immer beruhigt mich das gleichmäßige Schnurren ihres Motors, als ich ihn anlasse und sie aus der Parklücke steuere.

Die Straßen sind beinahe leer und ich komme viel zu schnell zu Hause an. Es ist nicht so, dass ich ungern in der Wohnung bin, aber an Tagen wie diesen, an denen mir bewusst wird, dass alles irgendwie anders geworden ist, ist es schwieriger.

Irgendwie ausgelaugt schleppe ich mich die Treppen nach oben zu unserer WG.

Es ist verdammt noch mal nur ein beschissener Abend. Morgen schaut die Welt schon wieder viel besser aus.

2. Sie schon wieder

Ich habe mich so lala vom Vorabend und der Erkenntnis, dass bei Weitem nicht alles so ist, wie ich es haben will, erholt.

Aber eben nur so lala. Heute Nacht habe ich beschlossen, dass es mir eindeutig besser gehen wird, wenn ich mal wieder Sex habe. Dieses übermäßige Bedürfnis nach Nähe ist schließlich auch nur ein Ergebnis von zu wenig Sex gepaart mit zu wenig Qualitytime mit meinen Freunden.

Also werde ich morgen Abend ausgehen. Ja, das tue ich eigentlich jeden Tag, aber es ist ein Unterschied, ob ich mit den Jungs auf ein Bier in irgendeine Bar gehe oder ob ich in einen Club gehe, um eine Frau aufzureißen.

Der erste Unterschied besteht darin, dass ich definitiv noch zum Einkaufen muss, um

Kondome zu besorgen. Safety first, dabei kenne ich keine Kompromisse. Für kleine Riaz' ist es definitiv noch viel zu früh.

Pfeifend schlendere ich mit meinem Einkauf aus dem Supermarkt. Dabei werfe ich Carmens Schlüssel immer wieder in die Luft und fange ihn danach auf.

Plötzlich ertönt ein ohrenbetäubender Schrei. Erschrocken schaue ich auf, werde aber, noch bevor ich etwas erkennen kann, hart von weiß der Teufel was in Brust und Bauch getroffen.

Der Aufprall presst mir die Luft aus den Lungen und lässt mich zwei Schritte zurücktaumeln. Mein Brustkorb brennt ein bisschen, als ich einatme, und es dauert einen Moment, bis ich mich so weit sortiert habe, dass ich mich nach der Ursache umsehen kann.

Nichts, bis auf ein paar Menschen, die sehr erstaunt dreinblicken.

"Autsch, ah, verdammte Scheiße", höre ich eine mir bekannte, sehr weinerliche Stimme.

Ein Blick nach unten bestätigt meine Vermutung.

Zu meinen Füßen liegt Prinzessin Sommerlich inklusive ihrer Sommerstiefel und eines ziemlich knappen Röckchens, das durch den Sturz noch viel höher gerutscht ist.

"Was machst du denn da?", frage ich und stemme die Hände in die Hüften.

Ihr Blick schnellt nach oben. Es fühlt sich an, als hätte ich einen weiteren Hieb in den Magen bekommen, als ich sehe, dass ihre riesigen blauen Barbie-Augen schon wieder voller Tränen sind.

Vorsichthalber lasse ich meinen Blick zu ihren wirklich hübschen Schenkeln zurückwandern. Hübsche halb nackte Schenkel, die mitten im Schneematsch sitzen.

Noch genervter, als ich es von diesem Zusammenprall sowieso schon war, bücke ich mich und packe sie an den Oberarmen, um sie auf die Beine zu stellen. Dabei rieche ich zum ersten Mal ihr Parfüm. Zimt, glaube ich. Es ist süß, aber nicht allzu aufdringlich.

"Aua!", jammert sie, und ich suche ihren Blick, um herauszufinden, was genau denn nun schon wieder ist.

Tränen laufen über ihre Wangen … was auch sonst. Ihre volle rosa Unterlippe zittert dabei im Püppchenstil.

Sie wäre verdammt heiß und irgendwie süß, wenn sie nicht andauernd heulen würde.

"Was denn?", frage ich genervt und lasse ihre Arme los.

Sie quiekt, als hätte ich ihr wehgetan, und

taumelt gegen meine Brust. Mit den Stiefeln reicht sie mir genau bis unter das Kinn – perfekte Größe, so wie Curley.

"Ich glaube ..." Theatralisches Schniefen ihrerseits. "Ich habe mir den Knöchel verstaucht." Schniefen die Zweite.

Ich überlege, was ich daraufhin antworten soll. Will ja kein arroganter Arsch sein.

Okay. Ich will zumindest nicht wie ein arroganter Arsch klingen. Dass ich sehr wohl einer bin, hat Curley mir mehr als einmal bestätigt.

Da ich stumm bleibe, sieht sie mich, immer noch an meine Brust gelehnt, aus ihren riesigen, nassen Augen an. Plötzlich lächelt sie, und ich muss leider zugeben, das Lächeln ist atemberaubend.

Wäre ich kitschiger veranlagt, würde ich jetzt was von der aufgehenden Sonne in ihrem Gesicht erzählen und wie sie die Umgebung erhellt. So wie ich bin, denke ich einfach nur: Verdammt heiß!

"Oh, mein Held, den zweiten Tag in Folge!", neckt sie mich. Blinzelnd komme ich zurück ins Hier und Jetzt. Ich hätte beinahe vergessen, dass ich die hilflose Prinzessin im Arm habe und nicht irgendeine heiße Lady in einem Club.

"Ja, klar", murmle ich und schiebe sie von mir. Ihr Geruch verwirrt mich irgendwie.

Sie wimmert und ich schaue sie genervt an. Da erst fällt mir auf, dass sie das linke Bein nicht belastet.

Ich will kein Arsch sein, und nur deshalb – keinesfalls, weil die Zimtschnecke irgendwie heiß ist – frage ich: "Soll ich einen Arzt rufen oder so?"

Sie lächelt wieder dieses umwerfende Lächeln, während sie sich, noch immer an mein Shirt gekrallt, an mich lehnt.

"Nein, danke. Ich muss zur Arbeit."

Beinahe hätte ich sie gefragt, wie sie mit verletztem Knöchel Poledance machen will, kann es mir aber gerade noch verkneifen.

"Also dann …" Ich sage es auffordernd, damit sie von mir abrückt, aber sie sieht mich nur weiter an, als wäre sie ein getretener Welpe.

"Was?", frage ich genervt von ihr … und von mir, weil mich interessiert, was sie macht und was sie denkt und wie sie wohl im Bett wäre.

"Meinst du … du könntest mir zum Auto helfen? Nur damit ich nicht noch mal ausrutsche", fragt sie und klimpert übertrieben mit den wirklich langen Wimpern. Sind die echt? Ich weiß es nicht, ich bin schlecht in so was. Und wo ist überhaupt Curley, wenn ich mal eine Frauenfrage habe?

"Bitte?" Noch mehr Geklimper. Dann erst wird mir bewusst, dass sie deshalb in mich gerasselt ist, weil sie mit ihren Sommerstiefeln durch den Winter rennt.

"Kauf dir mal vernünftige Schuhe", brumme ich und ziehe sie widerwillig an meine Seite.

Jetzt schaut sie noch mehr wie ein getretener Welpe aus, aber ich habe keine Lust, mich mit ihr auseinanderzusetzen, deshalb ziehe ich sie einfach vorwärts.

"Warte!"

Ich würde sie am liebsten schütteln. Was zum Teufel denkt sie sich? Ich meine, selbst in ihrem ichbezogenen Universum muss ihr doch klar sein, dass mein Leben nicht wie der Mond um die Erde um ihres kreist.

"Was denn?", schnauze ich und habe beinahe ein schlechtes Gewissen, weil sie zusammenzuckt.

Dann wendet sie den Blick ab und sagt: "Ist das von dir? XXL, gefühlsechte und extrafeuchte …" Ich weiß, was kommt, noch ehe sie kichert. "Kondome?" Dann lacht sie noch mal und lässt ihren Blick grinsend über mich gleiten. "XXL, ja?"

Knurrend bücke ich mich und packe die Schachtel zu Carmens Schlüssel in die Jackentasche.

"Geht dich einen Scheiß an, Barbie", brumme ich und ziehe sie unsanft vorwärts.

"Hey, du brauchst dich nicht zu schämen, wenn du sie nur für einen Freund besorgt hast. Ich mein, XXL ist jetzt auch nicht jedermanns Sache", sagt sie und klingt ein bisschen entschuldigend.

Ich weiß nicht warum, aber ich will das klarstellen. "Auch wenn es dich wirklich nichts angeht, aber sie sind für mich."

"Oh!" Sie klingt, als hätte ich ihr gerade gesagt, dass ich eine unheilbare Krankheit habe und nicht einen großen Schwanz.

"Was soll das wieder heißen?"

Sie zuckt die Schultern und öffnet die Tür des Smarts.

"Nichts, nichts. Ähm, also danke noch mal!" Wieder küsst sie mich mit ihren viel zu weichen Lippen einfach so auf die Wange und verschwindet dann mir nichts, dir nichts in ihrem Bobbycar.

Was zum Teufel stimmt nicht mit dieser Frau?

Und wieder gibt sie viel zu viel Gas, als sie aus der Parklücke fährt, und versaut mir damit die nächste Hose, aber immerhin scheint zumindest ihr Auto jetzt Winterbereifung zu haben, wenn schon sie selbst nicht.

Ein weiteres Mal erinnert mich alles an ihr an meine Schwester June, weshalb ich beschließe, lieber mal nach ihr zu sehen.

Stirnrunzelnd gehe ich zu Carmen.

Die namenlose Prinzessin spukt viel zu oft in meinem Kopf umher. Ich muss mich dringend ablenken, bevor sie noch bleibenden Schaden hinterlässt.

Carmen vibriert leicht unter mir, als ich den Motor starte. Ich liebe es und ich würde niemals irgendjemanden mit ihr fahren lassen. Nicht mal Curley – und die hat wirklich lange gebettelt.

Die anderen teilen sich ein Auto. Den WG-Wagen sozusagen. Dementsprechend sieht er auch aus.

Noch ein Punkt in meiner Argumentation, warum niemand meine Carmen jemals in die Finger bekommen wird.

Deutlich besser gelaunt parke ich mein Mädchen vor dem Haus, in dem Curleys Wohnung liegt.

Es ist noch früh am Abend, also sperre ich die Tür einfach auf. Um diese Uhrzeit werden die beiden jetzt nicht gerade am Vögeln sein.

Am Ende des Flurs sehe ich Licht aus der Küche kommen und gedämpfte Stimmen höre ich ebenfalls, also gehe ich direkt durch.

Es riecht verdammt gut nach Essen. Tomatensoße glaube ich. Vielleicht hat Curley nach meinem Rezept gekocht.

Schwungvoll öffne ich die Küchentür. "Hey, kann ich mitess…" Die Frage bleibt mir im Mund stecken.

Wenn ich es höflich ausdrücken will, starre ich irritiert auf meine kleine Schwester, die in einem zu großen Shirt vor dem Herd steht und Tony einen Löffel Soße entgegenhält.

Mein "Was zum Teufel?!" kommt gleichzeitig mit Junes erschrockenem "Riaz!".

Zumindest Tony ist voll angezogen, aber das macht diese Situation nur geringfügig besser.

"Du!" Ich deute auf meine kleine Schwester. "Zieh dich augenblicklich an! Etwas, was deine Beine bedeckt!", schreie ich.

Ich schreie selten, wirklich! Aber die Tatsache, dass meine kleine Schwester in einem Männershirt … ziemlich sicher *nur* diesem Shirt, in der Küche meiner besten Freunde steht, geht überhaupt nicht.

"Riaz!", beschwert sie sich, wirft aber dann zornig den Löffel in die Spüle und geht, als sie meinen mehr als nur wütenden Blick sieht.

Nachdem sie die Küche verlassen hat, fixiere ich dieses kleine parasitäre Arschloch. "Und nun zu dir."

"Jetzt mach aber mal halblang!" Der Kerl hat tatsächlich die Stirn, genervt zu klingen.

"Halts Maul! Sofort! Wenn du nicht den Rest deines armseligen Lebens Sopran singen willst, lässt du deine beschissenen Finger von ihr." Ich mache einen Schritt auf ihn zu und deute mit dem Finger auf ihn. Ich bin wirklich kurz vor dem Platzen, und das dauert normalerweise eine Weile bei mir.

Tony verschränkt die Arme vor der Brust und presst die Kiefer zusammen, was mich nur noch wütender macht. Mittlerweile kenne ich ihn. Er ist nicht der Schlappschwanz, für den ich ihn ganz am Anfang gehalten habe. Er ist ein knallhart kalkulierendes Arschloch.

Das wiederum bedeutet leider, dass er seine Fresse nur hält, weil er sich etwas davon erwartet, wenn er höflich zu mir ist.

Kein Streit mit dem großen Bruder des Mädchens anzufangen, das man vögeln will, ist strategisch immer gut.

Allein dafür will ich ihm den Arsch bis zum Haaransatz aufreißen.

"Ich wollte deine beschissenen Finger nicht auf Curley und du wirst sie verdammt noch mal auch von meiner Schwester lassen, haben wir uns verstanden?"

Tony seufzt. "Sie ist alt genug, um ..."

Drohend mache ich einen Schritt auf ihn zu. Er klappt den Mund zu und presst die Kiefer zusammen.

"Riaz?" Curleys verwirrte Stimme erinnert mich daran, dass ich ihn nicht umbringen darf. Aus irgendeinem Grund mag sie diesen Idioten.

Ich atme tief durch. Sie soll nicht merken, dass ich kurz vor dem Ausrasten bin.

Natürlich ist mir klar, dass sie nicht mehr das kleine verängstigte Mädchen ist, dennoch habe ich immer das Bedürfnis, auf sie aufzupassen. Sie soll sich nicht aufregen und sich nicht unwohl fühlen, wenn ich es vermeiden kann.

Ich drehe mich um, und als ich in ihre weit aufgerissenen Augen sehe, weiß ich, dass ich mich nicht genug beherrschen kann.

Aber ich werde diese Begegnung mit so wenig seelischem und moralischem Durcheinander wie möglich beenden.

"Hey, Babe", sage ich und bekomme sogar ein Lächeln zustande. Dann küsse ich sie auf die Stirn.

"Hey, Großer", sagt Curley und streichelt mir über die Brust. Ich weiß nicht warum, aber irgendwie macht das alles ein bisschen besser.

Ganz im Gegensatz zu Tonys verächtlichem Schnauben. Ich bin kurz davor, einfach umzudrehen und ihm die Fresse zu polieren. Es kostet mich meine ganze Willenskraft, an Curley vorbeizugehen und zielstrebig auf die Haustür zuzugehen.

Wenn ich ehrlich bin, schaffe ich es nur, weil genau in diesem Moment Roy durch die Eingangstür tritt. Sonst hätte ich Curley und June nicht mit diesem Arschloch allein lassen können.

"Er muss verdammt noch mal ausziehen!", knurre ich, als ich an dem mehr als nur verdutzt dreinblickenden Roy vorbei ins Treppenhaus stapfe.

"Was habt ihr denn mit dem gemacht?", fragt Roy, und ich bin in der Hoffnung, dass er Tony den Kopf für mich abreißt.

Leider ist das sehr unwahrscheinlich, weil auch Roy es vermeidet, Curleys Zorn auf sich zu ziehen.

"Er ist einfach nur noch verrückter als du", antwortet Tony.

Ich zwinge mich, die Stufen des Treppenhauses weiter hinunter zu gehen.

"Baby, soll ich mitkommen?", ruft Curley mir nach, und ich bin versucht, Ja zu sagen, einfach nur, um sie ein paar Stunden für mich zu haben.

"Werde lieber den Spinner los!", rufe ich zurück und verlasse das Haus endgültig.

Ich muss mich beruhigen, sonst macht Curley sich nur unnötig Sorgen.

3. Verfolgt

Ich bin beinahe ein klein bisschen verwundert, als ich über den Parkplatz vor dem Supermarkt gehe und Prinzessin Sommerlich mir nicht begegnet.

Fast schon misstrauisch steige ich in Carmen und sehe mich dabei nach allen Seiten um. Nirgendwo ist eine Blondine in Nöten zu sehen. Also fahre ich nach Hause. Leider nicht ganz ohne einen Gedanken an *sie.* Denn seltsamerweise zwingt mein Kopf mich dazu, darüber nachzudenken, warum Blondie heute nicht da war. Ich meine, es kann ja kein Zufall sein, dass sie zwei Tage in Folge auf dem Parkplatz festhängt und dann auf einmal nicht mehr. Oder? … oder hat sie sich am Vortag tatsächlich stärker verletzt und liegt jetzt irgendwo in ihrer Wohnung und hat irgendwelche Folgeschäden? Thrombose oder so etwas? Ich muss Dr. Damien fragen, ob das möglich ist.

Also mir geht es nicht um die Prinzessin mit der Sommerbereifung, sondern lediglich darum, dass ich quasi mit schuld an ihrem Tod bin, wenn sie jetzt an den Spätfolgen unseres Zusammenstoßes stirbt.

Nur darum! Es hat natürlich nichts damit zu tun, dass sie irgendwie verdammt süß ist, wenn sie nicht gerade heult.

Ich schüttle den Gedanken ab und laufe die wenigen Stufen bis zu unserer Wohnung hinauf. Alles ist still und dunkel. Die Jungs sind also noch nicht da. Ich habe ehrlich gesagt nicht aufgepasst, wie Damien Schicht hat oder was Elyas zu seinen Gerichtsterminen erzählt hat. Für so was ist Curley zuständig. Sie scheint jeden unserer Arbeitspläne auswendig zu kennen.

Nur leider kann ich sie nicht fragen, ohne mich mit dem Vorabend auseinandersetzen zu müssen. Und das kommt für heute definitiv nicht infrage.

Bevor mein eigenes Sexleben nicht einen gewaltigen Sprung gemacht hat, kann ich mich nicht mit dem – natürlich nicht vorhandenen – Sexleben meiner beiden Schwestern auseinandersetzen.

In der Wohnung angekommen suche ich mir meine Kleidung für den Abend heraus. Ich habe ein echtes Problem mit meiner Wäsche, weshalb ich Sachen, die ich anziehen möchte, aus einem riesigen Stapel Frischwäsche holen muss.

Dementsprechend komme ich ums Bügeln nicht drum rum. Leider. Wäre ich so ein Sofort-Falter wie Damien, würde mir der Scheiß mit dem Bügeln erspart bleiben.

Nur gut, dass wir Elyas haben, der täglich seine Hemden für die Arbeit bügeln muss. Dank ihm gibt es immer die neueste Technik und sämtliche Gadgets, die diese Sache leichter machen.

Meistens ist es mir recht egal, wie verknittert meine Sachen sind oder auch nicht, aber ich will ja auf Frauenfang gehen, also muss ich vernünftig aussehen.

Ich bügle mir eine helle Jeans, die an der Vorderseite ein wenig zerrissen ist. Dazu ein schwarzes enges Shirt und ein Zip-Hoody. Mit Beenie und Sneakers wäre Curley zufrieden mit mir.

Die frisch gebügelten Sachen lege ich auf das Sofa, damit sie nicht gleich wieder knittern, während ich duschen gehe. Die Arbeit soll sich schließlich gelohnt haben.

In der Dusche gibt es das volle Programm inklusive der nötigen Rasur.

Ich würde es niemals zugeben, aber ich höre mir wirklich an, was Curley an anderen Männern herumnörgelt. Ich meine, wenn sie Haare unter den Achseln scheiße findet, gibt es bestimmt noch viele andere Frauen, die der gleichen Meinung sind, also müssen sie weg.

Irgendwie finde ich den Gedanken verstörend, dass diese Frauen dann mit ihren Freundinnen zusammensitzen könnten und über meine Achselhaare reden.

Curley saß schließlich genauso da und erzählte uns von den Locken, die sich langsam gebildet hatten, wenn die Männer beim Sex schwitzten.

Allein die Tatsache, dass Frauen anscheinend Zeit haben, sich über solche Dinge Gedanken zu machen, verstört mich.

Curley hat mir versichert, dass das wirklich nur der Fall ist, wenn *Frau* nicht ganz bei der Sache ist oder *Mann* eben wirklich schlecht.

Letzteres trifft auf mich nicht zu. Zumindest wenn ich nicht nur wirklich herausragende Schauspielerinnen in meinem Bett hatte, die auch die Kontraktionen ihrer Muskulatur im Griff hatten. Als wir sechzehn waren, hat Curley uns einmal einen Orgasmus vorgespielt. Einfach so, aus dem Nichts, auf dem Sofa. Okay, vielleicht nicht ganz aus dem Nichts. Vielleicht haben wir über unser Sexleben diskutiert, wie pubertierende Männer das nun mal tun.

Curley hatte ein paarmal entnervt geschnaubt und plötzlich angefangen. Nach einem letzten theatralischen Seufzen hat sie mit den Worten: "Hört auf, darüber nachzudenken, wie gut ihr seid, und werdet lieber wirklich gut", mit ihrer Vorführung geendet.

Dann hat sie sich die Haare aus dem Gesicht gestrichen und über irgendetwas gekichert, was im Fernsehen kam.

Wie nachhaltig sie damit uns alle vier verstört hat, wusste sie nicht. Wir haben wochenlang darüber gesprochen, wenn Curley nicht dabei war. Manchmal überlege ich, wie Roy wohl mit dem Wissen umgeht, verwerfe den Gedanken aber ganz schnell wieder, weil Roy und Curley theoretisch überhaupt keinen Sex miteinander haben sollten.

Ich glaube, sie weiß bis heute nicht, was sie da für eine Bombe für uns hatte platzen lassen. Klar hatten wir alle schon davon gehört … aber so? Auf jeden Fall hat es dazu geführt, dass ich für meinen Teil ganz genau hinsehe, was *Frau* da so treibt.

Nachdem ich geduscht habe und wieder trocken bin, gehe ich zurück ins Wohnzimmer, um mich anzuziehen.

Schon beim Verlassen des Badezimmers höre ich Damiens Stimme. Sehr cool, vielleicht kommt er gleich mit auf Frauenfang, zu zweit ist es irgendwie immer witziger.

Gut gelaunt betrete ich das Wohnzimmer und bleibe gleich darauf wie vom Donner gerührt stehen.

Prinzessin Sommerlich. In meinem Wohnzimmer. Echt jetzt?

Verdattert schaue ich zwischen Damien und ihr hin und her. Wann zum Teufel hat er die denn aufgerissen?

Dann erst fällt mir auf, dass sie schon wieder heult. Die Kombination aus: "Damien hat sie aufgerissen", und: "Sie heult schon wieder", macht mich wirklich wütend.

Meine Fresse. Kann doch beides nicht wahr sein! Ich meine, wie hoch ist in einer so großen Stadt wie Philadelphia schon die Möglichkeit, dass Damien die gleiche Frau trifft wie ich.

Und er bringt sie auch noch mit und sie heult!

Als wäre den beiden jetzt erst aufgefallen, dass ich auch im Raum bin, schauen sie mich an.

Nach einem dieser winzigen Schniefer, die die

Prinzessin perfektioniert hat, lässt sie ihren Blick sehr langsam über mich wandern. Ich bemerke ganz genau, wie sie mein bestes Stück auf XXL-Format prüft, und konzentriere mich auf ihre verheulte Nase, damit sie nicht gleich eine Livevorführung seiner vollen Größe bekommt.

Ich weiß nicht warum, aber sie macht mich an. Diese ungenierte Selbstverständlichkeit, die sie an den Tag legt, die langen Beine, die wieder in diesen Sommerstiefeln stecken, und dieser kleine Arsch, den ich so gern einmal anfassen möchte.

Ich spüre, wie mein Blut sich zur Wanderung gen Süden sammelt, und suche krampfhaft nach einer Ablenkung.

Sofort gefunden. Zornig starre ich auf die Prinzessin, die ihren bezaubernden Arsch auf meinen mühsam gebügelten Klamotten geparkt hat.

Damien räuspert sich und sieht mich auffordernd mit einer erhobenen Augenbraue an.

"Was?", blaffe ich.

"Vielleicht möchtest du dich anziehen, wenn wir einen Gast haben?"

Allein die Tatsache, dass er sich so gewählt ausdrückt, nur weil *sie* da ist, geht mir auf die Nerven.

"Würde ich ja, wenn *dein* heulender Gast nicht

auf meinen Klamotten sitzen würde!"

Als wäre ihr jetzt erst wieder eingefallen, dass sie ja eigentlich am Heulen ist, wenn sie nicht gerade auf meinen Schwanz starrt, fängt ihre Unterlippe wieder zu zittern an.

Ich verdrehe die Augen, auch wenn Damien mich finster anfunkelt.

"Komm, Honey. Wir gehen in die Küche, damit der schlecht gelaunte Macho sich anziehen kann."

Fassungslos starre ich Damien an. Ich meine, nicht genug, dass er ausgerechnet *sie* hier anschleppt, er gibt ihr sogar schon Kosenamen?

Ich hasse sie! Oder ihn … oder beide. Ich bin mir noch nicht ganz sicher, aber ich werde es herausfinden.

Er hilft ihr auf, und sie meidet mit bebender Unterlippe meinen Blick, während sie das Zimmer verlassen.

Sie humpelt ein ganz kleines bisschen, und ich möchte sie gern schütteln, weil sie trotzdem mit diesen Tabledance-Stiefeln rumläuft, in denen ich sie wirklich gerne einmal vögeln will.

Nein, nein! Will ich nicht! Gar nicht!

Wütend auf uns drei ziehe ich mich an. Weil ich keine Minute länger mit ihr in dieser Wohnung sein will, ziehe ich übergangslos gleich die Jacke und meine Sneakers an.

"Gehst du mit raus?", rufe ich Damien zu. In die Küche zu gehen kommt absolut nicht infrage. Ich will sie nicht noch mal sehen.

Er kommt in den Flur und sieht mich verdammt wütend an. "Was stimmt nicht mit dir?"

Ich hebe nur eine Augenbraue. Ich hätte nicht gedacht, dass Damien so schnell auf diese kleine Mädchen-Nummer reinfällt.

"Heißt dann wohl nein. Ich bin weg", sage ich und gehe zur Wohnungstür.

"Nimmst du ein Taxi?", ruft Damien mir nach. Ich weiß, dass er es nur tut, um herauszufinden, ob ich trinken gehe oder nicht.

Ich glaube, es ist der Arzt in ihm, der immer wissen will, wie wahrscheinlich es ist, dass wir uns verletzen.

"Nein, ich fahre mit Carmen und bin vor Mitternacht zurück, Daddy", sage ich und öffne die Tür.

"Allein?"

"Ich hoffe nicht." Ich grinse ihn über die Schulter an und sehe, dass er ebenfalls lächelnd den Kopf schüttelt.

Dann wirft er einen Blick zurück über seine Schulter. "Das nächste Mal bin ich wieder dabei."

"Klar", antworte ich und verlasse endgültig die Wohnung. Ich will nicht länger darüber nachdenken, warum es mich stört, dass Damien mit der Prinzessin allein ist.

Honey! Ich meine, wie lange kann er sie bitte schon kennen? Und dann gleich einen Kosenamen?

Um mich abzulenken, schreibe ich Elyas, dass ich in unserer Stammkneipe auf ihn warte und dass Damien Frauenbesuch hat. Damit ist mir Elyas' Gesellschaft garantiert.

Fünfundvierzig Minuten später lässt Elyas sich neben mir auf den Barhocker fallen.

"Eigentlich habe ich keine Lust, auszugehen", sagt er und schaut missmutig durch die Bar.

"Ich auch nicht, aber ich brauche eine Frau", antworte ich wahrheitsgemäß.

Elyas sieht mich mit einer hochgezogenen Augenbraue an. "Für immer?"

Ich schnippe ihm gegen die Stirn. "Klar doch. Ich bin der volle Hochzeitstyp. Für heute Nacht, natürlich!"

Er zuckt mit den Schultern. "Was weiß ich, vielleicht bekommst du jetzt Torschlusspanik, weil Roy Curley vereinnahmt."

Irgendwie bin ich ein klein wenig erleichtert,

dass es nicht nur mir so vorkommt. "Ich mag es nicht, dass ich nicht mehr jederzeit hinfahren kann."

Elyas nickt und nimmt einen Schluck von dem Bier, das der Barkeeper gerade gebracht hat. "Ich mag es nicht, dass ich, wenn ich es doch tue, mir immer vorkomme, als wäre ich ein Störenfried."

Ich nicke ebenfalls. Ich weiß ganz genau, was er meint. Mit den Unterarmen stütze ich mich am Tresen ab. "Ich mag es nicht, dass Roy sie ständig im Arm hat und man sie ihm quasi entreißen muss, um auch ein bisschen was von ihr zu haben."

Eine Weile geht es so weiter. Wir klagen uns gegenseitig unser Leid. Elyas ist voll meiner Meinung, was mir wirklich gefällt.

Dann setzt sich jemand neben mir auf den Barhocker. Eigentlich will ich nur einen kurzen Blick zur Seite werfen, stelle dann aber fest, dass es Roy ist, und blinzle ihn verwundert an.

"Was machst du hier?"

"Selber hallo. Damien sagte, dass ihr ausgegangen seid, und Curley wollte sich euch anschließen."

Das freut mich wirklich. Ein Abend alle zusammen klingt immer gut. Ich sehe mich nach ihr um, kann sie aber nirgendwo entdecken.

"Sie ist auf der Toilette", brummt Roy unwillig. "Es gab mal Zeiten, da hättet ihr euch über meine Anwesenheit auch gefreut."

"Es gab mal Zeiten, da mussten wir nicht darum kämpfen, Curley zu Gesicht zu bekommen", wirft Elyas von der anderen Seite ein.

Roy winkt ab. "Damien sagt, ihr seid auf Frauenfang. Sieht eher aus wie Frustsaufen."

"Wir sind nur noch nicht so weit. Außerdem trinke ich nicht, ich fahre heute."

"Ich kann auch fahren", sagt Curley und liegt gleich darauf in meinen Armen.

Ich drücke sie fest an mich, genieße ihre Nähe. "Nur über meine Leiche, Babe. Carmen wird niemals in deine unvorsichtigen Finger geraten."

Sie lacht und macht sich von mir los, um Elyas zu begrüßen.

"Und schon was in Aussicht?", fragt sie und bleibt an Elyas gelehnt stehen. Der sieht sehr zufrieden aus, was ich durchaus verstehen kann.

Ich schüttle den Kopf.

"Was ist mit der Blonden da drüben?", hakt Curley nach.

Sobald sie blond sagt, fällt mir Prinzessin Sommerlich ein.

Automatisch sehe ich mich um und ärgere

mich kurz darauf über mich selbst, weil ich sofort nach *ihr* gesucht habe. "Ich mag kein Blond", sage ich und bin erleichtert, dass *sie* es nicht ist.

"Seit wann das?", fragt Roy nicht ungerechtfertigt, denn eigentlich habe ich keinen bevorzugten Typ.

Unbestimmt zucke ich mit den Schultern.

"Und die mit den Stiefeln?"

Zack, schon wieder ist *sie* in meinem Kopf. "Keine Stiefel … da kann ich auch gleich in eine Tabledancebar gehen", brumme ich.

Aus mangelndem Interesse an weiteren gut gemeinten Tipps lenke ich das Thema auf Tonys verrückten Bruder.

"Was treibt Larry eigentlich so?", frage ich.

"Leider nichts Gutes, weshalb sein Idioten-Bruder immer noch in unserer Wohnung rumhängt", antwortet Roy nicht allzu gut gelaunt.

"Lässt er wenigstens seine Finger von June?"

Roy nickt. "Soweit ich weiß, ja."

Curley erzählt von allem, was sie über Tony von Larry mitbekommt. Roy hat darauf bestanden, dass Curley Larrys Nummer blockiert.

Ein wenig später ziehen wir von der Bar an einen frei gewordenen Tisch um.

Damien stößt zu uns, aber ich frage ihn nicht nach der Prinzessin. Nicht an diesem Abend, nicht, wenn alles irgendwie perfekt ist. Elyas holt das Würfelbrett, auch wenn Roy sich beschwert. Ich werde Carmen wohl hierlassen müssen. Aber auch das ist egal, weil es eben einer dieser Abende ist, an denen alles so ist, wie es immer war.

Nun ja … fast. Denn als Elyas Curleys Handy klaut, um Larry bärtige Smileys zu schicken, greift Roy ein und nimmt es ihm weg.

Schade eigentlich, aber das ist nicht so schlimm, denn Damien hat bereits Elyas' Handy geklaut und schickt einer seiner Kolleginnen ein Herzchen.

Also genau genommen: Alles wie immer, alles perfekt, weil wir einfach mehr sind als nur beste Freunde.

4. Supermarkt

Roy ist endlich abgehauen und Curley schläft heute Nacht bei uns.

Ich habe ihr versprochen, dass ich Chili für uns alle koche und ein paar Süßigkeiten vom Supermarkt mitbringe.

Das ist einer der Nachteile, wenn man direkt über einem Laden arbeitet. Irgendwie finden es alle ganz selbstverständlich, dass man der Gruppeneinkäufer ist.

Aber ganz ehrlich? Für Curley mache ich das gern. Ich freue mich auf einen Abend, an dem ich sie fast für mich allein habe. Ich werde darauf bestehen, dass ich den Kopf bekomme und nicht ihre Füße, wenn wir fernsehen. Schließlich koche ich, da kann ich ja wohl eine Wahlmöglichkeit erwarten.

Ein Blick auf die Uhr sagt mir, dass Curley bestimmt schon in der WG ist. Irgendwie scheint diese Schlange an der Kasse seit Minuten so gar nicht vorwärtszugehen.

Genervt schiele ich nach vorn zur Kasse. "Das darf doch nicht wahr sein!", rutscht es mir raus, als ich Prinzessin Sommerlich entdecke, die ihre Tasche durchwühlt.

"Aber er muss doch hier irgendwo sein!", flötet sie. "Ich bin mir ganz sicher, dass ich meinen Geldbeutel eingesteckt habe."

Mir platzt gleich der Kragen. Wegen *ihr* kann ich noch immer nicht zu Curley fahren.

Ungeachtet der Proteste der Menschen in der Schlange schiebe ich mich an allen vorbei. Ich knalle Chips, Schokolade und die Zutaten für das Chili vor die Kassiererin.

"Machen Sie das alles zusammen, ich zahle ihres mit", sage ich und höre selbst, wie genervt und unfreundlich ich klinge.

Curley würde mich deswegen anmotzen, aber es ist mir egal. Seit Tagen habe ich wegen dieser Frau nur Probleme.

Sie taucht verdammt noch mal so oft in meinem Alltag auf, dass ich heute Nacht sogar schon von ihr geträumt habe! Von einer Frau, die nicht auf irgendeiner Leinwand ist oder eine herausragende Leistung in irgendeinem Porno erbracht hat!

"Oh … hi!", stammelt sie neben mir. Ich ignoriere sie geflissentlich. Wenn ich noch einmal ihre Lippen ansehe, wird dieser Blowjob-Traum noch zur Gewohnheit, und das ist das Letzte, was ich brauche!

"Hi", murmle ich und reiche der Kassiererin meine Kreditkarte. Ich hole mir das einfach von Damien wieder, der kann es sich dann von ihr holen – oder auch nicht, ist mir eigentlich ziemlich egal.

"Ähm … vielen Dank! Also, ich zahl dir das auf jeden Fall zurück. Ich weiß gar nicht, wie das passieren konnte."

Entweder habe ich mittlerweile Paranoia oder ihre Stimme klingt schon wieder zittrig.

Ich wage einen kurzen Blick aus dem Augenwinkel. Sie kaut nervös auf ihrer Unterlippe, aber die blauen Barbie-Augen sind noch trocken, Gott sei Dank! Oder auch nicht, denn wenn sie nicht gerade heult, sieht sie wirklich verdammt sexy aus.

"Kein Problem. Gib es Damien bei Gelegenheit", antworte ich und packe meine Einkäufe.

"Mach ich auf jeden Fall. Das ist echt

supernett von dir!" Sie packt ihre Einkäufe in die Tasche. Es sind ziemlich viele Getränke dabei und sie hat schon wieder diese Sexfantasiestiefel mit dem dünnen Absatz und der Sommerbereifung an.

Ihr Gehumpel sehe ich mir genau drei Schritte lang an, dann nehme ich ihr die Tasche ab.

"Wo steht dein Wagen?" "Dein Bobbycar" kann ich mir gerade noch verkneifen.

Sie strahlt mich an, als hätte ich drei Kinder und eine Kiste Katzenbabys aus einem brennenden Haus gerettet … aber Jesus, dieses Lächeln ist heiß!

"Auf dem Parkplatz, danke!", sagt sie und ich kann sie nur mit offenem Mund anstarren.

Auf dem Parkplatz? Echt jetzt?

Überraschenderweise wird sie feuerrot, als wäre ihr der Blödsinn, den sie stammelt, nicht nur bewusst, sondern auch peinlich.

"Mein Gott, ich höre mich an wie eine Vollidiotin. Sorry", sagt sie und stiefelt dann schnell voraus.

Dabei schwingt ihr kleiner Arsch so verführerisch von links nach rechts, dass ich mir vorkomme, als würde ich dabei ein Tennismatch ansehen, während ich der Bewegung mit den Augen folge.

In diesem Moment ist mir leider klar, dass ich von ihrem Arsch träumen werde, wenn ich nicht bald eine Frau finde, die ich vögeln kann.

Als ich sehe, dass sie leicht ins Rutschen kommt, da sie mit ihren Sommerstiefeln aufs Eis tritt, werde ich wütend. Die Sorte wütend, wie wenn ich June mit Tony sehen würde oder Curley, wenn sie weint.

"Kannst du dir nicht endlich vernünftige Schuhe anziehen? Ist es so schwer zu verstehen, dass diese nicht wintergeeignet sind?"

Sie blinzelt mich an wie ein Vögelchen bei Gewitter und ich bekomme tatsächlich ein schlechtes Gewissen.

Ich weiß nicht, wann mich eine Frau zum letzten Mal innerhalb weniger Minuten so verdammt viele Gefühle durchlaufen lassen hat. Wut, Besorgnis, Begierde, Zorn, Genervtsein … ich glaube, diese Liste würde noch eine ganze Weile nicht enden, wenn ich es zulassen würde.

"Lauf einfach vorsichtig!", blaffe ich, und es tut mir sofort leid, als ich sehe, wie sie den Kopf einzieht.

Sie öffnet den spärlichen Kofferraum ihres Elefantenrollschuhs und meidet meinen Blick. Nachdem ich die beiden Tüten hineingestellt habe, warte ich auf ihren obligatorischen

Wangenkuss, aber ich werde enttäuscht.

Sie drückt mir nicht diese ultraweichen Lippen auf die Wange und lehnt sich nicht viel zu nah an mich.

Sie hebt lediglich eine Hand, als wollte sie mich berühren, und lässt sie dann unverrichteter Dinge wieder sinken.

"Vielen Dank", murmelt sie, dreht sich um und steigt in ihren Wagen.

Und dann ist sie weg, natürlich nicht, ohne mir eine weitere Hose voller Schneematsch zu spritzen, weil sie unfähig zu sein scheint, dosiert Gas zu geben.

Der Abend ist genial. Ich habe alle Menschen, die mir wirklich wichtig sind, um mich. Okay, Roy fehlt, aber er würde Curley für sich beanspruchen und damit alles irgendwie anstrengend machen.

So machen wir uns einfach nur einen verdammt perfekten Abend. Ich koche, während mir Curley, Elyas und Damien Gesellschaft leisten.

Ich bin nicht gerade ein Meisterkoch, aber ein paar Gerichte bekomme ich auf die Reihe. Während ich das Chili umrühre, diskutieren die anderen darüber, welches Verbrechen sich am ehesten lohnen würde, dafür ins Gefängnis zu gehen.

Damien ist pragmatisch und sagt, er würde eine Bank überfallen, das Geld irgendwo bunkern und dann einfach die paar Jahre absitzen.

Elyas meint, Steuerhinterziehung sei besser. Man hat auch einen Haufen Geld und muss dafür nicht ganz so lange ins Gefängnis.

Curley hingegen will etwas Denkwürdiges, etwas, was in die Geschichte eingeht, wie in eine Pelztierfarm einzubrechen, um all die armen Tierchen freizulassen.

Ich dagegen würde nur etwas tun, was sich wirklich lohnt. Einen Mord zum Beispiel, um einen meiner fünf Lieblingsmenschen zu retten.

Ja, fünf. Neben Curley, Roy, Elyas und Damien würde ich auch für meine Schwester alles tun. Egal, wie oft sie mich in den Wahnsinn treibt.

Nach dem Essen schauen wir zusammen fern. Vier Teile Panem am Stück, weil Curley es sich gewünscht hat und heute einfach ein besonderer Tag ist. Sie hat den Kopf in meinem Schoß und ich kraule ihre Haare. Ich mag es sehr gern. Nur bei Curley, weil nur Curley so besonders weiche Haare hat und nur sie es verdient hat, dass ich so zu ihr bin.

Warum sollte ich so etwas mit einer Frau machen, mit der ich es nicht ernst meine? Sie hätte dann nur völlig falsche Erwartungen. Bei Curley kann ich mir sicher sein, dass sie sich nichts dabei denkt.

Nicht nur, weil sie Roy hat und die beiden glücklich auf Wolke sieben bis zum Ende ihrer Tage schweben, sondern auch, weil sie es eigentlich hasst.

Mir ist nämlich durchaus bewusst, dass Curley das hier nur duldet.

Mein Zwang, mit ihren Haaren zu spielen, ist einer der Gründe, warum sie normalerweise bei den anderen Jungs im Schoß liegt und ich die Füße bekomme.

Aber selbst das ist nicht schlimm, Hauptsache, ich habe sie bei mir.

Spät in der Nacht gehen wir alle zusammen in Damiens Kingsizebett. Es ist schon eine Weile her, deshalb wundert mich die Streiterei, wer neben Curley liegen darf, wenig.

Ich ignoriere die beiden und ziehe sie einfach mit mir und an meine Brust. Es ist wie Heimkommen, sie so nah bei mir zu haben.

Schlussendlich gewinnt, glaube ich, Elyas, weil Damien das letzte Mal gewonnen hat. Wie gesagt, es ist mir egal.

"Schlaf gut, Süße", murmle ich und küsse sie auf die Stirn.

"Schlaft gut, ihr Idioten", gibt Curley lachend zurück und kichert hysterisch, als Elyas die empfindliche Stelle an ihren Rippen erwischt.

Alles wie immer, alles perfekt.

5. Carmen

Das wiederholte Klingeln unserer Türglocke weckt mich. Ich bin genervt. Wenn ich die beste Frau der Welt an meine Brust geschmiegt liegen habe, will ich verdammt noch mal nicht gestört werden!

"Der Gast liegt auf mir", murmle ich, bevor jemand auf die Idee kommt, zu sagen, dass ich am nächsten an der Tür liege.

"Ich hab den Gast im Arm", brummt Elyas, der denselben Gedanken zu haben scheint.

"Ich bin der Gast." Irgendwie schafft Curley es sogar, um diese Uhrzeit fröhlich zu klingen.

"Ihr seid allesamt faule Scheißer!", knurrt Damien, sieht seine Niederlage aber schließlich ein. Das Bett bewegt sich, als Damien aufsteht, um die Tür zu öffnen.

"Wer ist das, Babe?", fragt Elyas die Frage, die mir selbst im Kopf herumschwirrt. Wir bekommen um diese Zeit keinen Besuch.

"Woher soll ich das wissen? Ich wohne hier nicht!", beschwert sich Curley.

Eine Weile bewegt sich niemand und auch Damien kommt nicht zurück. Dann wird Curley unruhig und versucht aufzustehen.

"Wo willst du hin?", brumme ich widerwillig.

Curley lacht. "Pinkeln, was trinken und schauen, welcher Zombie gerade Damiens Gehirn verspeist."

"Unsichere Sache, Babe. Bleib hier und wir können alle gemeinsam sterben."

Leider nimmt Curley Elyas' Ratschlag nicht an und schiebt unsere Hände beiseite.

Durch ein halb geöffnetes Auge beobachte ich, wie sie nur in einen Hoody gehüllt, den ihr definitiv Roy aufs Auge gedrückt hat, aus dem Zimmer geht.

Auf dem Rücken des übergroßen, schwarzen Kapuzenpullovers steht: "Roys #1" und er reicht bis zur Hälfte ihrer Oberschenkel. Roy hat ihn also mehr als bewusst so gekauft, wie er ist.

Als hätten wir Curleys Arsch nicht schon mehr als einmal nackt gesehen.

Nur mit Elyas im Bett zu liegen rockt so

überhaupt nicht, also stehe auch ich auf. Ich fange Curley noch kurz vor der Küche ab und schlinge meine Arme um ihre Mitte.

Kichernd windet sie sich in meinem Griff und quietscht zwischendurch.

Dann erreichen wir genau in dieser Konstellation die Küche.

Curley verstummt, als sie den Besuch sieht, und auch ich erstarre schlagartig.

Dort, mitten an unserem Küchentisch, sitzt Prinzessin Sommerlich und starrt uns mit großen Augen an.

Nachdem sie eine Sekunde lang mit den Wimpern geklimpert hat, erscheint ein Lächeln auf ihrem Gesicht, das wirklich ein wenig unheimlich ist.

Vielleicht hat Curley mit ihrem Walking-Dead-Szenario doch nicht ganz so falsch gelegen. Zumindest dieses Lächeln ist genauso gruselig.

"Hi, du musst Carmen sein!", sagt die Prinzessin schließlich und streckt Curley eine Hand entgegen.

"Carmen?", fragt Curley verwirrt, erwidert aber den Händedruck automatisch.

Prinzessins Lächeln wird noch sonderbarer. "Na, Riaz' Freundin, oder?"

Curley nickt mechanisch, als ich schon

verneinen wollte. Es ist alles so wirr, so durcheinander.

Weil mir das Denken schwerfällt, vor allem, da *sie* schon wieder in einem ziemlich kurzen Rock bei eisigen Minusgraden herumläuft, schiebe ich Curley zur Seite und gehe zur Kaffeemaschine.

"Honey, ich glaube, du hast etwas missverstanden", sagt Damien.

Ich knalle die Tassen so fest unter die Maschine, dass Curley neben mir zusammenzuckt.

Warum zum Teufel macht er das? Ist sie etwa seine Freundin?

Im Augenwinkel sehe ich, wie Damien Curley auf die Stirn küsst. "Morgen, Babe." Im Gegensatz zu mir ist er fasst schon angezogen. Also er trägt zumindest eine tief sitzende Jogginghose, während ich … so unauffällig wie möglich schaue ich nach unten, was für Shorts ich eigentlich trage. Beinahe hätte ich aufgestöhnt, weil es natürlich die schwarzen mit den pinken Herzchen sind, die Curley mir besorgt hat.

Dafür sind sie eng und tief geschnitten, was dieses Ladys-V, wie ich es nenne, zur Geltung bringt.

Halt, halt! Warum denke ich überhaupt darüber nach, ob die Prinzessin mich oder Damien heißer findet?

"Hi, ich bin Curley."

Mit den Kaffeetassen in der Hand drehe ich mich um und sehe, wie Barbie Curley die Hand reicht.

"Oh … nicht Carmen? Ich … ähm … okay, sorry. Also ich bin Honey, freut mich, dich kennenzulernen."

Mein Kopf funktioniert noch nicht wirklich, was dazu führt, dass einige Fragen offenbleiben. Was zum Beispiel sie dauernd von Carmen will oder warum sie nicht einfach ihren Namen sagt.

Curley lächelt sie unverbindlich an, wie sie es bei den meisten Frauen tut.

Sie hat mir mal erklärt, dass sie ja nicht grundsätzlich was gegen Frauen hätte, sie wolle sich nur nicht die Mühe machen und sich mit einer von ihnen anfreunden, wenn sie dann sowieso nach spätestens ein paar Wochen wieder verschwinden.

Ich gebe ihr eine der Kaffeetassen. Sie trinkt einen Schluck und sieht Damien mit einer erhobenen Augenbraue an.

Dieser hebt beide Hände. "Sie will nicht zu mir."

In diesem Moment kommt Elyas in die Küche, und ich bin froh, dass er die gleichen beschissenen Curley-Shorts trägt, nur dass seine pink sind und schwarze Herzen haben.

"Wo seid ihr denn alle?", fragt er und fährt durch sein verstrubbeltes Haar.

"Heieiei", höre ich die Prinzessin murmeln, und es ärgert mich, obwohl es mich nicht ärgern sollte.

Ich mache Müsli für alle, weil sie sonst nicht frühstücken, ich es aber wichtig finde, auch wenn sie mich dafür verarschen. Aus dem Augenwinkel beobachte ich, wie Elyas seinen Charme voll aufdreht und Prinzessin Sommerlich begrüßt. Dann setzt er sich neben Curley und erzählt etwas davon, warum wir alle akute Bettflucht haben, wo es doch gerade so schön war.

Die Augen unseres Gastes werden immer größer, und ich weiß genau, was sie denkt. Damien, Elyas und ich … und na ja, Curley.

Allein dieser Gedanke verursacht mir eine Gänsehaut und das Bedürfnis, mich die nächsten drei Tage zu übergeben. Wie pervers wäre das denn? Wir sind quasi Geschwister.

Damit Elyas die Klappe hält, stelle ich ihm das erste Müsli vor die Nase, und gleichzeitig bekommt Curley ihres.

Sie brummen beide nicht wirklich begeistert, fangen aber an zu essen. Die nächste Schüssel drücke ich Damien in die Hand, der mit dem Rücken an die Arbeitsplatte gelehnt dasteht und alles mit diesem besonderen Blick analysiert.

Ich hasse es, wenn er das tut, weil es für gewöhnlich heißt, dass mir etwas Entscheidendes entgeht.

Da die Prinzessin irgendwie verloren zwischen allen sitzt und sowieso so aussieht, als bräuchte sie dringend ein paar Kilo mehr auf den Hüften, stelle ich ihr kurzerhand auch eine Schüssel vor die Nase.

Sie sieht mich an wie ein Auto und macht keine Anstalten, zu essen. Das hasse ich noch mehr. Wenn ich mir schon die Arbeit mache, etwas zu essen herzurichten, wird es gegessen. Das hat sogar meine kleine, verzogene Schwester irgendwann gelernt.

"Iss!", sage ich und wende mich ab, um mir selbst ein Müsli zu machen.

"Du wirst nicht drum rum kommen", höre ich Curley flüstern und gleich darauf Elyas kichern.

Als ich mich mit meinem eigenen Müsli in der Hand zu ihnen umdrehe, essen sie aber alle.

Die Prinzessin lächelt ein wenig unsicher. "Das schmeckt sehr gut. Vielen Dank."

"Es ist Müsli. Daran könnte nicht mal Elyas etwas falsch machen", brumme ich und bemerke ihren Hilfe suchenden Blick in Damiens Richtung sehr wohl.

"Lass sie in Ruhe, Riaz. Denk dir nichts, Honey. Er hat morgens nicht gerade die beste Laune."

Dieser beschissene Kosename geht mir so was von auf den Sack, dass ich mein Müsli, obwohl ich es noch nicht fertig gegessen habe, zur Seite stelle. Dann verschränke ich die Arme vor der Brust. Curley nennt es "den Macker raushängen lassen", weil meine Arme dadurch wohl riesig aussehen und die Brust noch breiter, als sie vom Trainieren sowieso schon ist.

Und nein, das ist kein Egotrip, ich weiß, wie ich aussehe, und ich weiß, dass ich den breiten Rücken und die schmale Taille dem häufigen Schwimmen zu verdanken habe.

Auch wenn ich die Blicke der Prinzessin auf meinem Körper durchaus genieße, lenkt es mich nicht vom eigentlichen Thema ab. Diesem beschissenen Kosenamen, den Damien verdammt noch mal nicht benutzen soll!

"Hast du auch einen richtigen Namen?", blaffe ich und vier Augenpaare schauen mich verwundert an.

Ihre irgendwie übertrieben langen Wimpern … die können nicht echt sein, oder?

Na ja, wie dem auch sei, sie klimpert mit ihnen, sehr oft hintereinander, dann sagt sie: "Honey May."

Ich werfe die Arme in die Luft. Das kann doch einfach nicht wahr sein. "Einen richtigen Namen, Sweety. So wie ich: Riaz Cruz!"

Wieder blinzelt sie mich aus ihren Barbie-Augen an. Irgendwie ist sie in eine Art Schockstarre verfallen, was mich nur noch wütender macht. Warum kann sie nicht einfach wie eine normale Frau auf eine normale Frage antworten.

"Honey May", sagt sie wieder und ich würde sie am liebsten schütteln.

Ich bemerke, wie Damien neben mir unruhig wird.

Ich habe aber keine Lust, mich mit ihm auseinanderzusetzen, deshalb winke ich ab. Ich muss duschen. Eine kalte Dusche wird meinen Kopf wieder klarer werden lassen, und vielleicht ist Honey May bis dahin aus der Wohnung verschwunden.

Kurz bevor ich das Bad betrete, höre ich noch Curleys verwunderte Stimme. "Er hat sein Müsli nicht gegessen."

Das stimmt. Alles wegen *ihr*! Sie macht mich verrückt, ganz eindeutig!

Unter der Dusche angekommen drehe ich das Wasser auf Eiskalt. Mein Kopf muss klar werden, und mein Schwanz sollte auch aufhören, darüber nachzugrübeln, wie er am besten in ihr Höschen kommt.

Es funktioniert. Schon beim Abtrocknen ist alles wieder im grünen Bereich. Sie geht mich ja überhaupt nichts an, und sie sollte mich nicht davon abhalten, die letzten Stunden mit meiner Curley zu verbringen, ehe Roy wiederkommt und sie einfordert.

Nackt wie immer verlasse ich das Bad, um Klamotten aus meinem Zimmer zu holen, und stolpere direkt in die Prinzessin. Ich kann sie gerade noch an den Armen abfangen, ehe sie wie bei unserem letzten Zusammenstoß zu Boden geht.

"Hoppla!", sagt sie.

Ihre schmalen Finger fühlen sich auf meiner nackten Brust verdammt noch mal atemberaubend an. Ich möchte spüren, wie sie sie über meinen Sixpack zu meinem …

Stopp! Sofort!, ermahne ich mich selbst. Ich meine, ich kann ja nicht nackt hier stehen und eine Latte bekommen!

"Warum bist du denn immer noch da?", frage ich unwillig, um zu überspielen, wie gern ich sie jetzt einfach in mein Zimmer ziehen würde, um dort über sie herzufallen.

Sie gibt ein beinahe verzweifeltes kleines Knurren von sich. Dabei hört sie sich an wie ein winziges Tigerbaby, und ich muss mich wirklich zusammenreißen, um nicht laut loszulachen.

Sie sieht es mir wohl an, denn sie schlägt mich kurzerhand auf die Brust. Und Mamamia, da ist ganz schön Bums dahinter, hätte ich bei so einer kleinen Frau irgendwie auch nicht erwartet.

"Ich bin nur gekommen, um meine Schulden zu begleichen. Es gibt keinen Grund, am laufenden Band unhöflich zu sein!", schimpft sie, und ich kann nicht anders, als sie mit großen Augen anzustarren.

Ist das die gleiche Person, die sonst irgendwie permanent nur am Heulen ist?

Noch ehe ich mich von ihrer Standpauke erholt habe, klatscht sie mir einhundert Dollar gegen die Brust.

Wie aus dem Nichts wechselt ihr Gesichtsausdruck von stinkwütend zu süßem Püppchen, während sie sich von mir weg in Richtung Küche dreht.

"Vielen Dank für alles, ich hoffe, wir sehen

uns bald wieder!", ruft sie.

Dann wendet sie sich mir zu. Das Lächeln verblasst, und sie hebt geringschätzig eine Augenbraue, während sie mich von Kopf bis Fuß mustert.

Das ist verdammt heiß!

Sie rümpft das winzige Näschen, gibt ein "Hmpf" von sich und dreht auf den Sommerstiefelabsätzen um. "XXL ist wohl auch lieber Wunschdenken", sagt sie, ohne innezuhalten. Mit wiegenden Hüften verlässt sie die Wohnung, und ich kann nicht anders, als ihr fasziniert hinterherzustarren.

Meine Fresse, sie ist echt heiß, wenn sie nicht gerade so verdammt weinerlich ist.

Das Lachen, das von der Küche aus zu mir kommt, und Curleys "Mein Gott, zieh dich an, ich will deine Latte nicht sehen!" reißt mich aus meinen Gedanken.

Fluchend gehe ich in mein Schlafzimmer und ziehe mir eine Jogginghose über. Ich kann nichts dafür, dass mein Körper Honey liebend gern sein XXL-Format vorführen möchte.

Im Wohnzimmer angekommen muss ich feststellen, dass die beiden anderen Curley schon vereinnahmt haben und ich allein auf dem langen Endstück des Sofas liegen muss.

Alles Honeys Schuld! Innerlich knurre ich, weil ich sie auch schon bei diesem beschissenen Kosenamen nenne.

Mit vor der Brust verschränkten Armen starre ich missmutig in den Fernseher.

"Vögelst du sie?", platzt es aus mir heraus, ehe ich es verhindern kann.

Ich will es doch gar nicht wissen verdammt. Es geht mich nichts an.

"Ich vögle nur Roy", ruft Curley. Auch das will ich gar nicht wissen, verdammt. Sie sind doch quasi meine Geschwister.

"Wenn du Honey meinst, nein. Aber ich denke, du wirst sie bald vögeln, so wie das zwischen euch knistert", antwortet Damien.

Ich schnaube. "Einen Scheiß werde ich tun."

Eine Weile sagt niemand was, wir starren alle nur in den Fernseher, in dem alte Folgen von Two and a Half Men laufen.

"Sie heißt übrigens wirklich Honey May … so wie du Riaz Cruz", sagt Damien schließlich, und ich höre, dass er sich das Lachen kaum verkneifen kann.

Curley wirf die Arme über den Kopf und sagt mit übertrieben tiefer Stimme: "Einen richtigen Namen, Sweety. So wie ich: Riaz Cruz!"

Alle drei brechen in schallendes Gelächter aus,

nur ich nicht, ich meine, hallo? Was zum Teufel soll daran witzig sein?

"Wer heißt schon Honey May? Das klingt eher nach Frühstücksflocken oder einer Disney-Prinzessin!", brumme ich missmutig.

"Sie sieht auch aus wie eine Disney-Prinzessin", sagt Elyas noch immer lachend.

"Das Äußere täuscht, Leute, sie ist Leichenfledderer in meinem Krankenhaus", wirft Damien ein.

Das erklärt zumindest, woher er sie kennt, aber nicht, warum sie schon zweimal hier war.

"Ne, echt jetzt? Sie sieht nicht aus wie eine Pathologin." Curley fuchtelt wild mit den Armen. "Müssen die nicht alle aussehen wie Frankenstein?"

Wieder lachen wir und verzetteln uns dann in einer wilden Diskussion über die zutreffenden und nicht zutreffenden Klischees bestimmter Berufsgruppen.

Dass Designer immer schwul sein müssen und Zeitungsausträger immer Jungs, die ungefähr vierzehn sind und ein rotes Fahrrad fahren.

Mir gefällt am besten das Klischee von der sexy Sekretärin, das Elyas mit der Beschreibung seiner Sekretärin aber sofort wieder zunichte macht. Auch der sexy Krankenschwester kann

Damien nur sehr eingeschränkt zustimmen.

Irgendwann kommt Roy und bestätigt das Klischee von den bissigen, Hosenanzug tragenden Chefinnen bei großen Konzernen.

Wir verlagern die Diskussion in die Küche, damit wir das restliche Chili vom Vortag aufessen können.

Auf der Arbeitsplatte sehe ich meine verlorene Müslischüssel, was meine Gedanken zurück zu Honey bringt. Ich werde mich wohl bei ihr entschuldigen müssen, wenn ich ihr das nächste Mal aus der Patsche helfe. Gut, dass ich noch einiges bei ihr guthabe.

Lächelnd setze ich mich zu den anderen an den Tisch. Ich liebe diesen Tag wirklich.

6. Sorry

Die nächsten Tage halte ich vergeblich nach Honey Ausschau. Ich sehe zwar manchmal ihren Smart, aber Honey selbst bekomme ich nicht zu Gesicht.

Selbst wenn ich ihr Auto beobachte, klappt es nicht, dass ich sie abpassen kann.

Ich wende mich nur für einen Moment dem Computer zu, und zack, das Bobbycar ist verschwunden.

Schlussendlich entschließe ich mich dazu, ihr eine Nachricht am Scheibenwischer zu hinterlassen.

Nachdem ich ungefähr eine Dreiviertelstunde lang auf das weiße Blatt Papier gestarrt habe, schreibe ich fünf viel zu schlichte Buchstaben. "Sorry."

Ich klemme ihr die Nachricht ans Auto und steige dann in mein eigenes. Carmen schnurrt und lässt mich für einen Moment mein schlechtes Gewissen vergessen.

Als ich am nächsten Tag von der Arbeit nach Hause fahren will, habe ich einen pinken Zettel an meiner Windschutzscheibe. Nicht nur pink, sondern auch in Blümchenform. Ich muss nicht lange überlegen, von wem dieser Zettel sein könnte, und auch das Lächeln, das sich bei dem Gedanken an Honey auf mein Gesicht schleicht, kann ich einfach nicht verhindern.

"Schon okay, Macho-Mann." Ich verdrehe die Augen, irgendwie habe ich was Süßeres von ihr erwartet.

Ich öffne die Tür und stecke den Zettel ins Handschuhfach. Dann starte ich Carmen und fahre zu June. Irgendwie schafft Honey es immer, dass ich das dringende Bedürfnis habe, zu schauen, ob meine Schwester noch alle Arme und Beine hat und auch sonst nichts schiefgeht.

June ist allein zu Hause und sieht fern. Ich setze mich zu ihr und sie rollt sich neben mir zusammen und legt ihren Kopf auf meinen Schoß.

Ungewöhnlich, denn eigentlich haben wir

nicht das engste Verhältnis. June war immer Mamas Liebling und ich der kleine rebellische Junge aus einer Jugendsünde.

Ich spiele mit ihren blonden Haaren, die mich so sehr an Honey erinnern. Bis ich irgendwann wegdöse.

Zwei weitere Tage höre und sehe ich nichts von Honey. Das verwirrt mich. Irgendwie habe ich mich einfach schon daran gewöhnt, dass sie Chaos in mein Leben bringt.

Als ich ihren Smart entdecke, schreibe ich einen weiteren Zettel. "Lebst du noch? Es ist ungewöhnlich, wenn so lang niemand in mich reinrennt."

Als ich dann am Abend zu meinem Auto gehe, sehe ich schon von Weitem die pinke Blume.

"Du machst dir Sorgen um mich, wie süß von dir."

Missmutig rümpfe ich die Nase und stecke die Blume zu der anderen in das Handschuhfach. Ich und süß. Geht's noch? Ich bin der Grummelige in unserer Gruppe.

Als ich den Smart am nächsten Morgen wieder auf dem Parkplatz stehen sehe, schreibe ich eine weitere Nachricht auf eine Seite meines

Notizheftes und klemme sie unter den Scheibenwischer.

"Ich bin nicht süß!" Das ist die Kernaussage, auf die ich die halbe Nacht immer wieder gekommen bin.

Gegen Mittag ist der Smart erneut weg, dafür sehe ich vom Bürofenster aus die pinke Blume auf meiner Windschutzscheibe.

Skeptisch schaue ich in den Himmel. Es sieht nach neuem Schnee aus, was ihre Nachricht bis zur Unkenntlichkeit zerstören könnte.

Ich halte es noch geschlagene zehn Minuten aus, dann sprinte ich aus dem Büro und bringe die pinke Blume in Sicherheit.

Und ja, ich hasse mich selbst dafür. Ich meine, viel weicher geht es doch nicht mehr, oder? … doch, es geht. Und zwar, indem ich mir eine Packung Nüsse aus dem Supermarkt hole, die ich eigentlich gar nicht will, damit ich eine Ausrede habe, warum ich ohnehin hatte runterlaufen müssen.

Selbsterkenntnis kann ganz schön ekelhaft sein!

Zurück an meinem Schreibtisch lese ich die Nachricht. "Also gut, dann eben heiß, Macho-Mann!"

Ich grinse. Deutlich besser. Ich will wissen,

warum zum Teufel sie dauernd hier ist. Das Ganze schreibe ich auch auf einen Zettel, aber der verfluchte Smart ist weg und damit ist mein Kommunikationsmittel verschwunden.

Darüber ärgere ich mich den ganzen Nachmittag.

Als ich ihn schließlich wieder dort stehen sehe, mache ich etwas, was ich wirklich nie mache.

Ich schreibe meine Nummer auf den Zettel und klemme ihn dann unter die Windschutzscheibe.

Ich komme mir komisch dabei vor. Das ist irgendwie intimer als die Fotos, die Larry von seinem Larry verschickt.

Vor allem deshalb, weil ich nie meine Nummer vergebe. Zum einen gibt es niemanden, von dem ich wirklich angerufen werden will, also außer meiner best Five, June included. Zum anderen, scheint eine Nummer zu geben, irgendeine Art Geheimcode zu sein, dass da mehr zu holen ist. Zumindest sagen mir das meine Erfahrungen.

Trotzdem fühle ich mich irgendwie hilflos oder machtlos. Ich habe einfach keine Alternative, oder? Entweder muss ich immer darauf warten, dass ihr Auto da steht, und damit das Risiko eingehen, dass eine ihrer Nachrichten verloren geht, oder ich gebe ihr meine Nummer auf die Gefahr hin, dass sie sonst was erwartet.

Ich schalte meinen Computer aus, schnappe mir Jacke und Beenie und verlasse das Bürogebäude.

Mein Magen rebelliert und sagt mir, dass das eine ganz beschissene Idee ist. Ich ziehe es trotzdem durch und klemme den Zettel hinter den Scheibenwischer.

Als der Gummi zurück gegen die Windschutzscheibe knallt, hört es sich an wie die Schließanlage eines Gefängnistrakts. Ich schwöre, ich habe mir das nicht eingebildet.

Ich ziehe mein Handy aus der Tasche und rufe Curley an, während ich auf Carmen zugehe.

"Hallo, mein Liebster. Wo brennts?", sagt sie, sobald sie abgehoben hat.

"Bist du zu Hause?", frage ich und steige in mein Auto.

"Ja, alles okay?" Curley klingt besorgt. Ich mag es nicht, wenn sie sich um irgendwas Gedanken macht, und schon gar nicht meinetwegen und wegen so einer Kleinigkeit.

"Alles bestens, ich komm vorbei. Bis gleich, Babe", sage ich, lege auf und steuere meinen Wagen vom Parkplatz.

Es gibt überhaupt keinen Grund, sich aufzuregen. Die Seite in mir, die es von Grund auf für einen absolut beschissenen Plan hält, Beziehungen welcher Art auch immer zu wem auch immer aufzubauen, spielt nur ein wenig verrückt.

Es ist diese kleine Stimme in mir, die mich immer davor warnt, dass Beziehungen nur Verantwortung bedeuten. Ich muss mich darum kümmern, dass es ihnen gut geht, dass sie gesund und glücklich sind. Wer zum Teufel kann da schon entspannt bleiben?

Fünf Personen, auf die ich aufpassen muss, sind schon mehr als genug. Auch wenn meine Kumpels es niemals zugeben würden, ich passe sehr wohl auch auf sie auf.

Schon allein damit, dass ich dauernd dafür sorge, dass es überhaupt etwas Essbares in der WG gibt und sie sich nicht nur von Pizza und Bier ernähren.

Direkt vor Curleys Haus ist ein Parkplatz, auf dem ich Carmen abstelle. Dann sprinte ich die wenigen Stufen bis zu ihrer Wohnung hinauf.

Mein Lieblingsmädchen öffnet mir lächelnd die Tür, als hätte sie auf mich gewartet. Ich mag das, es fühlt sich dadurch noch mehr an wie Heimkommen.

Ich umarme sie zur Begrüßung und drücke meine Wange für einen Moment an ihre weichen Locken.

"Hey, Babe", sage ich und löse mich wieder von ihr. "Keiner da?"

Curley schüttelt den Kopf und geht zur Küche. "Nein, alle noch beim Arbeiten. Irgendein wichtiges Projektmeeting. Corona?"

Ich nicke und nehme das Bier entgegen. Lächelnd lehne ich mich gegen die Küchenzeile. Wenn alle noch weg sind, habe ich Curley ganz für mich.

Sie verschränkt die Arme vor der Brust und mustert mich misstrauisch. "Was ist los?"

Schulterzuckend trinke ich einen Schluck. "Ich überlege, was ich mit dir mache, wenn ich dich jetzt ganz für mich habe. Wie wäre es mit The Walking Dead auf DVD?"

Curley verdreht die Augen, geht dann aber ins Wohnzimmer. "Du bist furchtbar, Riaz. Du musst nicht immer alles mit dir allein ausmachen."

Tue ich nicht, deswegen bin ich ja hier. Ich muss nur nicht endlos über alles quatschen, mir reicht es auch einfach, zu wissen, dass sie da ist. Ich lege mich auf die Liege und Curley kuschelt sich an mich.

Genau so ist es perfekt. Alles ist gut, kein

Grund, sich über irgendetwas aufzuregen.

Zumindest die nächsten 15 Minuten. Dann piept mein Handy und kündigt eine eingehende Nachricht an.

Ich ziehe es aus meiner Hosentasche, was mir einen bösen Blick von Curley einbringt, die Handygepiepse während eines Films überhaupt nicht witzig findet.

Schnell stelle ich den Ton aus und schaue mir die Nachricht an.

Die Nummer ist mir unbekannt, die Absenderin so gar nicht. Mein Herz schlägt ein bisschen schneller, als ich Honeys Nummer speichere und dann die Nachricht lese.

H: Riaz?

Ich grinse. Ich weiß nicht warum, aber ich finde es gut, dass sie sich an meinen Namen erinnert.

R: Hey Honey.

Mein Grinsen wird noch breiter. Dass ihr Name gleichzeitig ein Kosename ist, gefällt mir … zumindest solange Damien ihn nicht ausspricht.

"Mit wem schreibst du?", fragt Curley und versucht auf mein Handy zu sehen. Ich halte es so, dass sie es nicht sehen kann.

"Geht dich gar nichts an, du neugierige Nudel!"

Da vibriert es schon wieder und ich schiele auf das Display.

H: Ich vermisse deine romantischen Liebesbriefe jetzt schon. ;)

"Honey, Honey May?", fragt Curley, die es irgendwie geschafft hat, mir aufs Display zu spitzeln.

Finster funkle ich sie an, was sie nur zum Lachen bringt. Ich schiebe sie von mir und muss schmunzeln, als sie sich lachend auf dem Sofa windet, während ich eine Antwort an Honey tippe.

R: Zu unflexibel. Ich wollte wissen, was du dauernd im Supermarkt machst, und dann war dein Auto wieder weg.

Curley setzt sich rittlings auf meinen Schoß und versucht mir mein Handy abzunehmen. "Was schreibst du?", fragt sie noch immer lachend, während ich es außerhalb der Reichweite ihrer Stummelarme halte.

"Als würde ich dir irgendwas erzählen, da könnte ich es auch gleich in die Zeitung schreiben!"

Mein Handy vibriert wieder; ich will wissen, was Honey geantwortet hat, will Curley aber auch nicht die Genugtuung geben und sie mitlesen lassen.

Also packe ich Curley um die Mitte, werfe sie auf den Rücken, presse ihre Arme an ihre Seite und knie mich breitbeinig über sie. So auf der Liege festgenagelt, kann ich in Ruhe meine Nachricht lesen.

H: Ich wohne dort, und du?

Irgendwie ärgere ich mich darüber, dass sie einem wildfremden Mann sagt, wo sie wohnt. Ich meine, ich könnte auch ein Serienkiller sein oder ein Vergewaltiger.

"Igitt, geh da nicht rein! Mein Bruder treibt es mit Curley!" Junes Stimme klingt mehr als nur angeekelt. Würde ich wirklich mit Curley Sex haben, wäre das ja verständlich, aber so?

"Roy? Ich brauche Hilfe!", ruft Curley unter mir und kichert.

Roy schiebt sich an June vorbei und sieht uns mit einer hochgezogenen Augenbraue an.

"Was hat sie gemacht?", fragt er, was Curley ein entrüstetes Schnauben entlockt.

"Hallo? Ich bin unter dem Macho gefangen, komm und rette deine Freundin!"

Als Roy nur lacht, fügt sie hinzu: "Oder nimm ihm das Handy weg und schau, was er mit Honey May schreibt!"

Das Interesse in Roys Blick führt dazu, dass ich mein Handy lieber einstecke und mich außerhalb ihrer Reichweite begebe.

Wir albern noch eine Weile herum. Dann machen wir es uns zu dritt auf der Liege gemütlich. Weil der Abend so schön ist, versuche ich mich nicht einmal darüber aufzuregen, dass June bei Tony auf der Liege Platz nimmt, während wir die nächste Folge Walking Dead anschauen.

Solange sie sich nicht an ihn schmiegt, werde ich diesen Moment nicht mit Diskussionen zerstören.

Es ist bereits nach Mitternacht, als ich zurück in meine eigene Wohnung fahre. Zwar hat Curley angeboten, dass ich bleiben kann, aber ich habe Roy angesehen, dass er Curley lieber ein bisschen für sich hätte.

Als ich im Bett liege, lese ich mir Honeys letzte Nachricht noch mal durch. Sie wohnt also in dem Haus, in dem ich arbeite. Ich muss mir die Klingelschilder dringend mal genauer ansehen. Und seit wann wohnt sie dort überhaupt? Die Belehrung, dass sie nicht wildfremden Männern ihre Adresse geben kann, bekommt sie persönlich. Für heute beantworte ich einfach nur ihre Frage.

R: Ich arbeite dort. Gute Nacht.

Ich überlege noch eine Weile, ob es wohl richtig ist, das Gute Nacht dazuzuschreiben oder nicht, schicke die Nachricht aber schließlich so ab.

Zufrieden schließe ich die Augen. Alles in allem ein guter Tag.

7. Nachrichten

Der Vormittag vergeht irgendwie zäh. Was natürlich absolut nicht daran liegt, dass Honey mir keine Nachricht geschrieben hat.

Immer wieder schaue ich aus dem Fenster, um zu kontrollieren, ob ihr Smart noch da steht. Als ich dieses Mal meinen Blick nach draußen werfe, ist er weg. Dafür hat Carmen eine pinke Blume an der Frontscheibe. Ich kann sie holen, wenn ich sowieso runter in den Supermarkt gehe, um mir etwas zu essen zu besorgen.

Fünf Minuten später habe ich meinem Magen erfolgreich eingeredet, dass er ganz dringend jetzt sofort was zu essen braucht.

Ich verfluche mich selbst, während ich die Stufen nach unten jogge. Wann zum Teufel bin ich so ein Weichei geworden?

Da es eh schon zu spät ist, zucke ich mit den Schultern und schnappe mir die Blume.

"Schönen Arbeitstag."

Grinsend schüttele ich den Kopf und packe die Blume zu ihren Freundinnen in Carmens Handschuhfach.

Dann stecke ich die Hände in die Hosentaschen und schlendere zum Einkaufen. Ich bin ein Weichei, aber irgendwie ein zufriedenes Weichei. Das muss doch auch was zählen, oder?

Die ganze darauffolgende Woche besteht für mich irgendwie nur aus einer Aneinanderreihung von Zettelbotschaften und Handynachrichten.

Honey ist cooler als gedacht. Gar nicht so sehr die verzogene Prinzessin, für die ich sie gehalten habe.

Sie ist entspannt, relaxt, klammert nicht und erwartet auch nicht, dass ich innerhalb von Sekunden auf alles antworte.

Sie ist gerade erst aus Arizona hierhergezogen, da sie im selben Krankenhaus, in dem auch Damien arbeitet, einen Job gefunden hat. In Arizona hat sie nichts mehr gehalten, da ihre Eltern auf Weltreise gegangen sind und sie dort sonst keine Familie hat.

Sie ist ein Einzelkind, aber irgendwie habe ich

auch nichts anderes erwartet. Nicht, dass das etwas Schlimmes wäre, all meine Freunde sind Einzelkinder, aber man merkt einem Menschen einfach an, ob er allein aufgewachsen ist.

Nicht nur im Übrigen. Ich finde, man kann auch ziemlich deutlich sagen, ob jemand das älteste Kind ist, das mittlere oder das jüngste.

Wir schreiben viel Belangloses, wie ich es auch mit Curley tue. Das gefällt mir. Es ist, als könnte ich in Honey meine ganz eigene beste Freundin finden, die ich nicht mit den anderen teilen muss.

Das Problem wäre dann nur, dass ich sie außerdem heiß finde, was die Sache mit der Freundschaft wiederum schwer machen könnte.

Da ich sowieso keine Lösung habe, versuche ich nicht zu viel darüber nachzudenken. Kommt Zeit, kommt Rat oder so ähnlich war das doch.

Ich freue mich auf jeden Fall immer über diese albernen pinken Blumen an Carmens Windschutzscheibe, genauso wie über die Emojis, die sie mir via WhatsApp schickt.

An diesem Abend sind Roy und Curley zum Fernsehen vorbeigekommen. Genau das will ich Honey gerade auf ihre Frage, was ich denn mache, antworten, als Curley mich sanft gegen den Oberarm tritt.

"Was?", frage ich irritiert und komme aus Versehen auf den Küsschensmiley und drücke auf Senden, bevor es mir auffällt.

Verdammt!

Honey ist eine Frau, die kann da sonst was reininterpretieren!

"Scheiße, Curley!", fluche ich und gebe ihr einen Klaps auf den Oberschenkel.

"Au!", jault sie völlig übertrieben, was mir von allen Seiten böse Blicke einbringt.

"Was?! Ihretwegen habe ich Honey ein Küsschensmiley geschickt!", sage ich und ernte zumindest von den Jungs betretene Gesichter. Sie verstehen mich eben.

Curley lacht. Blöde Hexe!

"Du schreibst immer noch mit ihr?", fragt Elyas interessiert. Zu interessiert. Ich ziehe die Augenbrauen zusammen.

"Ja, du brauchst nicht darauf zu spekulieren, sie zu vögeln. Sie wird vielleicht meine neue Curley!"

Alle lachen, und auch ich grinse breit, als Curley in ihrer Performance von "Der sterbende Schwan" in bester Theatralik davon erzählt, wie schnell sie ersetzt wurde.

"Aber jetzt im Ernst", sage ich zu Damien, als wir uns wieder beruhigt haben. "Die Geschichte mit dem Leichenfledderer stimmt nicht, oder?"

Damien schüttelt den Kopf. "Tut mir leid, Bro. Wir nennen sie auch die Königin der Toten."

Wieder lachen alle, aber ich glaube ihm trotzdem nicht.

Honey ist viel zu süß und viel zu zart, um jeden Tag tote Menschen aufzuschneiden und wieder zuzunähen – oder was auch immer so ein Pathologe eben tut.

Nur nach und nach entspanne ich mich wieder, als Honey mir daraufhin einen schönen Abend und viel Spaß wünscht, ohne auf das Küsschen einzugehen.

Sie würde wirklich gut in unsere Runde passen. Also so richtig, nicht so, wie es Curley immer von Tony behauptet.

Zufrieden lehne ich mich zurück. Ich werde sie einfach noch besser kennenlernen, dann weiß ich auch genau, ob ich sie hierhin mitbringen kann oder nicht.

Ein paarmal haben die Jungs und ich schon den Fehler gemacht, die falsche Frau mitzubringen. Was immer in echt ekelhaften Szenen ausgeartet ist, weil sie nicht verstehen konnten, wie wir eben ticken und dass wir mehr sind.

Am nächsten Morgen gehe ich zuerst in den Supermarkt, weil ich dringend einen Energydrink brauche, um heute wach zu bleiben.

Roy und Curley sind über Nacht geblieben und wir haben alle viel zu wenig geschlafen.

Während ich an der Kasse warte, sehe ich einen neongrünen Post-it-Block in Sternform. Ich denke daran, wie oft ich schon gelächelt habe, weil ich vom Fenster aus die pinke Blume an Carmen entdeckt habe. Vielleicht geht auch Honeys Fenster zum Parkplatz hinaus.

Kurzerhand packe ich den Block mit auf das Kassenband. Bevor ich ins Büro gehe, mache ich einen kurzen Stopp bei Honeys Bobbycar und hinterlasse eine Nachricht.

"Guten Morgen. Schönen Tag." Es klingt zu kitschig, zu sehr nach dem Küsschensmiley vom Vorabend. Also füge ich ein "Geiler Arsch" dazu. Das passt eher zum Macho-Mann.

Zufrieden mit mir selbst schlendere ich zum Büroeingang, während ich meinen Energydrink auf ex trinke.

Mein Handy vibriert. Es kann eigentlich nur Honey sein, also ziehe ich es hervor.

H: Du trinkst wie der Cola-Light-Mann aus deiner Dose.

Ich muss lachen, weil das genauso gut aus Curleys Mund stammen könnte.

R: Stalkerin :-P

Ich könnte schwören, dass ich ihr Lachen höre, während ich mich auf meinen Bürostuhl fallen lasse.

Der Tag kann kommen, so müde und dennoch so gut gelaunt habe ich mich selten an die Arbeit gemacht.

Zwei Stunden später kommt eine weitere Nachricht von Honey.

H: Danke ;)

Ein Blick aus dem Fenster bestätigt, dass sie zur Arbeit gefahren ist. Wie zum Teufel hat sie es so lange ausgehalten, zu wissen, dass da eine Nachricht ist, und trotzdem nicht nach unten zu laufen?

Vielleicht muss ich mich aber auch einfach nur für mich selbst schämen, weil ich es keine fünf Minuten aushalte.

Ich ärgere mich ebenfalls über mich selbst, dass ich mich ärgere, als ich zum Mittagessen in den Supermarkt gehe und keine Nachricht auf Carmen finde. Also falls das so überhaupt Sinn macht.

Das ist auch der Grund, warum ich mich geschlagene fünf Minuten lang weigere, die eingehende Nachricht von Honey zu lesen. Schließlich tue ich es aber doch, ich sollte ja heute auch noch arbeiten.

H: Damien sagte, du glaubst nicht, dass ich wirklich Pathologin bin. Hier ein Beweisfoto.

Ich bin mir nicht sicher, ob ich es wirklich sehen will. Nein, falsch. Ich bin mir sehr sicher, dass ich nicht sehen will, was da jetzt kommt. Dennoch öffne ich die Bildvorschau.

Da ist sie, Honey, die strahlend in die Kamera lächelt und winkt. Der Hintergrund wirkt kalt und steril. Die Wände sind in diesem OP-Grün gefliest und das Licht wirkt megakünstlich.

Gar nicht so schlimm, wie ich dachte, und ihr Lächeln ist so bezaubernd wie in echt. Damit ich sie mir genauer ansehen kann, öffne ich das Foto, und das ganze Bild erscheint auf dem Bildschirm.

Mir wird augenblicklich schlecht. Es ist nicht ihre Hand, mit der sie winkt, sondern die eines Toten.

Echt jetzt? So dreckig kann doch nicht mal Leichenfleddererhumor sein, oder?

Krampfhaft übcrlege ich, was zum Teufel ich ihr darauf antworten soll. Es darf nicht zu hart klingen, weil ich um Himmels willen vermeiden will, dass sie heult. Aber irgendjemand muss ihr auch dringend sagen, dass das nicht witzig ist. Oder zumindest nicht sehr witzig. Oder dass sie es auf jeden Fall nicht mit Menschen teilen sollte, die sie eigentlich nicht kennt, genauso wie ihre Adresse. Sofort spüre ich wieder diese Wut in mir. Sie könnte ja auch gleich einen roten Zettel an die Tür kleben, auf dem steht: "Hier wohne ich allein. Wunderschön und sexy. Überfalle mich."

Mein Handy vibriert erneut. Es ist wieder Honey. Sie schickt diesen Affen, der sich die Augen zuhält, den Frauen immer so furchtbar süß finden. Wüssten sie wirklich, was Affen eigentlich für kleine perverse Schweine sind, würden sie die Affenemojis auch nicht mehr so vergöttern.

H: Das war wieder too much, oder? Ich bin zu viel allein mit Leichen. Ich muss mich dringend vorsichtiger an das Empfindlichkeitslevel meiner Mitmenschen herantasten.

Ich lächle automatisch. Sie ist verdammt süß und sie hat verdammt recht. Schnell tippe ich meine Antwort.

R: Ich verzeihe dir, wenn du heute Abend mit mir essen gehst. Also nur, sofern deine toten Freunde dich nicht zu sehr in Beschlag nehmen. ;)

Ungeduldig warte ich auf die Antwort. Irgendwie scheint die Zeit zwischen den zwei blauen gelesenen Haken und ihrer Antwort immer in Zeitlupe zu vergehen. Zumindest dann, wenn ich die Antwort dringend wissen will.

Dann endlich das erlösende Vibrieren.

Nur leider ist es nur Elyas, der sagt, dass ich Milch fürs Frühstück mitbringen soll. Was würden die Idioten eigentlich ohne mich tun?

Noch während meiner Antwort vibriert es erneut.

H: Für gewöhnlich rennen sie nicht weg ;) ich könnte gegen sieben Uhr.

Lächelnd schüttle ich den Kopf. Humor ist eine sehr verzwickte Sache. Ich bin grundsätzlich der Meinung, man kann über wirklich alles lachen, nur eben nicht mit jedem. Und leider kann ich auch nur Menschen ernst nehmen, die sich selbst nicht allzu ernst nehmen. Ich bin mir ziemlich sicher, dass Honey über Blondinen-Witze genauso lachen kann wie ich.

R: Dann bis später … Honey.

Grinsend lehne ich mich zurück. Ihr Name gefällt mir wirklich immer besser und die Aussicht auf ein Abendessen mit ihr gefällt mir sogar sehr.

Irgendwo in meinem Hinterkopf geht eine ganz kleine Alarmglocke los, die ziemlich deutlich anzeigt, dass etwas im Argen liegt und so gar nicht passt.

Leider dauert es noch geraume Zeit und zwei Tassen Kaffee, bis mir auffällt, dass mir ein konkretes Motiv fehlt, um mit Honey essen zu gehen.

Denn wenn ich mir nicht ganz sicher bin, was ich eigentlich von ihr will, kann ich ihr das schließlich auch schlecht vermitteln.

Schlussendlich führt das dann dazu, dass sie falsche Erwartungen hegt und am Schluss noch der Meinung ist, dass ich etwas Festes suche.

Und das tue ich definitiv nicht!

Beziehungen bringen immer nur Probleme. Spätestens dann, wenn die Frauen sich in meine Freundschaft einmischen wollen. Keine einzige versteht es, dass sie nun mal nicht von null auf hundert die wichtigste Person in meinem Leben ist. Und selbst die, die das verstehen, kapieren irgendwann leider auch, dass sie voraussichtlich niemals die erste Geige spielen werden.

Es ist nicht einmal böse gemeint, aber meine Freunde sind meine Familie und sie bedeuten mir eben mehr als alles andere. Wie sollte ich vergessen, dass sie mir seit dreißig Jahren den Arsch retten?

Ein Blick auf meine Uhr sagt mir, dass ich noch genau 30 Minuten habe, um mir klar zu werden, was zum Teufel ich von Honey will. Ich brauche ein klares Ziel und genauso klare Worte, um es ihr zu erklären.

Ich nehme mir ein Blatt Papier und schreibe auf, was ich an Honey mag.

Sie ist heiß, ich liebe ihren kleinen Arsch, diese sexy Beine und diese vollen Lippen. Ich mag ihren ziemlich verrückten Humor und diese Leichtigkeit, die sie irgendwie umgibt. Ich mag es, wenn sie mir Kontra gibt, und ihre kleinen Nachrichten.

Als mir auf die Schnelle nichts mehr einfällt, markiere ich alle Dinge, die mit Sex zu tun haben, mit einem S und alle, die mit ihrem Charakter zu tun haben, mit F für Freundschaft, falls sie meine neue Curley werden sollte.

Frustriert starre ich auf das Ergebnis vier zu vier. Das darf doch nicht wahr sein! Stöhnend schließe ich die Augen und lehne meinen Kopf zurück.

Vielleicht sollte ich ihr einfach sagen, dass ich keine Beziehung suche, und ihr die Wahl lassen. Irgendwie ist das der beste Plan, den mein Kopf in der kurzen Zeit zustande bringt.

Entschlossen springe ich auf und ziehe mir im Gehen die Lederjacke an. Die Stufen nach unten jogge ich und reiße dann mit Schwung die Tür auf.

Quietschend stolpert Honey in mich, und ich kann sie gerade noch an den Oberarmen abfangen, ehe sie wieder auf ihrem süßen, kleinen Hintern landet.

"Ich will keine Freundin", platze ich heraus und möchte mich gleich darauf ohrfeigen. Geht's eigentlich noch bescheuerter? Wann habe ich mich verdammt noch mal zurück in einen kleinen pubertären Volltrottel verwandelt?

Honey blinzelt mich an, als hätte ich nicht

mehr alle Tassen im Schrank. Da muss ich ihr recht geben.

"Es tut mir leid, ich …"

Lächelnd schüttelt sie den Kopf. "Nein, schon in Ordnung. Ich finde es gut, wenn die Fronten von Anfang an geklärt sind."

Ihr Lächeln wirkt nicht ganz so strahlend wie sonst, vielleicht ein wenig ernüchtert, aber doch echt.

Verlegen reibe ich mir über den Kopf und verfluche mich gleich darauf, weil meine Haare jetzt bestimmt in alle Richtungen abstehen. Was mir egal sein sollte, weil ich Honey ja gar nicht beeindrucken will. Aber es ist mir nicht egal, was mich noch viel mehr abfuckt, und ehrlich gesagt möchte ich wegen des Chaos in meinem Hirn gern meinen Kopf gegen die nächste Hauswand knallen.

Ich strecke die Arme zur Seite. "Ich will nur ehrlich sein, Honey." Ein kleines Lächeln schleicht sich bei ihrem Namen auf meine Lippen. Aber es verschwindet sofort wieder, als ich ihren forschenden Gesichtsausdruck sehe.

Ich atme tief durch. "Ich habe in meinem Leben keinen Platz für eine feste Freundin. Ich will einfach kein falschen Erwartungen wecken."

Honey lächelt erneut dieses kleine Lächeln,

dann beißt sie sich auf die Unterlippe. "Ich bin neu hier, Riaz. Ich suche einfach nur Anschluss. Ein bisschen Abwechslung zu meinen toten Freunden."

Ein Erschauern konnte ich gerade noch unterdrücken. "Weißt du, es ist irgendwie unheimlich, wenn man weiß, dass du weißt, wie man einen Mord nach einem Unfall aussehen lassen kann." Dann kommt mir noch ein viel gruseligerer Gedanke. "Und dass du absolut keine Hemmungen hast, an richtigen Leichen herumzuschnipseln."

Honey hebt eine ihrer perfekt geschwungenen Augenbrauen. Sie könnte Werbung mit ihnen machen, da bin ich mir ziemlich sicher. Sie sehen zumindest aus wie die auf Facebook. Aber ich frage mich wirklich, warum zum Teufel ich diese Werbung angezeigt bekomme. Ich bin ein Mann! Welcher Mann malt sich schon seine Augenbrauen nach?

"Ich schnipsle nirgendwo herum. Ich obduziere!"

Daraufhin hebe ich eine meiner Augenbrauen, die auch ohne Farbe ziemlich gut geschwungen sind … glaube ich zumindest.

Wären sie scheiße wie Elyas' Mono-Braue, die in unserer Pubertät von zwei zu einer zusammengewachsen ist, wäre Curley mir schon lange mit dieser beschissenen Pinzette auf die Pelle gerückt, wie sie es bei Elyas seit Jahren tut.

"Eine Leiche und ein Messer, das du in besagter Leiche versenkst, richtig so weit?"

Honey nickt, und die Art, wie sie ihren Kopf einzieht, sagt ziemlich deutlich, dass sie den Fehler erkannt hat. Ich kann mich dennoch nicht zurückhalten und sage: "Demnach schnipselst du an Leichen rum, sorry."

"Okay, also ich suche zur Abwechslung mal einen lebenden Freund und keine Sorge, ich habe auch vor, dich am Leben zu lassen. Also sollten wir vielleicht das Thema wechseln, bevor ich dich ganz verscheucht habe."

Ich lache laut auf und bedeute ihr dann, vorzugehen. "Keine Angst, Süße, so zart besaitet bin ich nicht."

Einen Moment scheinen wir beide wie erstarrt. Das Kosewort war wohl wirklich falsch gewählt. Verdammt!

Aber Honey rettet mich aus dieser etwas unangenehmen Situation.

"Ich darf jetzt also mal diesen hübschen Porsche von innen sehen?", fragt sie, aber es dauert einen Moment, bis ihre Frage bei mir ankommt.

Ich bin zugegebenermaßen ein klein wenig beschäftigt damit, ihrem süßen kleinen Arsch beim Schwingen von links nach rechts zuzusehen.

Vielleicht sollte ich einmal präzisieren, dass ich durchaus Interesse an Sex mit ihr habe, nur eben nicht an einer festen Beziehung.

"Sie heißt Carmen", antworte ich ein wenig abwesend.

Honey bleibt stehen und legt mir eine Hand auf den Unterarm.

"Mein Gott, das habe ich völlig vergessen! Es tut mir leid, Riaz!"

Verdutzt blinzle ich. Wovon zum Teufel spricht sie?

Sie lächelt dieses besondere, nachsichtige Lächeln, das Frauen immer für ihren ein bisschen beschränkten besten Freund aufzusparen scheinen.

"Natürlich hast du kein Interesse an einer Freundin. Du hast ja Carmen!"

Mein Blinzeln wird nicht wesentlich besser, weil ich ihr noch immer nicht folgen kann. Was zum Teufel hat mein Auto damit zu tun, dass ich keine Freundin will?

Ich meine, ich liebe Carmen wirklich, aber ich bin nicht einer dieser kranken Typen, die jeden

Tag die Felgen putzen oder etwas in der Art. Ich habe also durchaus Zeit für ein Sozialleben, immerhin habe ich auch Freunde!

Oder hat sie sich nur den Namen falsch gemerkt?

"Meinst du Curley?", frage ich und sehe verwundert dabei zu, wie ihre Stirn sich langsam kräuselt.

"Das war die Frau, die du im Arm gehalten hast, als ich bei euch war, oder?"

Ich nicke mechanisch.

Honey wird ein kleines bisschen rot. "Die habe ich auch schon wieder vergessen. Ich habe zu ihr schon Carmen gesagt und mich gar nicht dafür entschuldigt."

Ich verstehe nicht, warum sie sich entschuldigen will, aber ich finde, es gibt im Moment dringendere Probleme.

Zum Beispiel ist da dieser entzückende Hintern, der bald blau gefroren ist, weil Honey schon wieder in einem viel zu kurzen Rock den Winter in Philadelphia zelebriert.

Ich öffne die Beifahrertür und bedeute ihr, einzusteigen. Nachdem sie darin sitzt und ich auch, schalte ich sofort die Sitzheizung für sie ein und gleich darauf die Standheizung, damit es schnell warm wird.

Dann streichle ich andächtig über das Armaturenbrett. "Darf ich vorstellen: Carmen!"

Von Honey kommt überhaupt keine Reaktion. Keine Frage, kein "Aha", kein "Es ist ein Auto". Absolut gar nichts.

Also drehe ich den Kopf langsam zu ihr, weiß nicht genau, was mich in ihrem Blick erwarten wird.

Hm ... ich denke ... fassungslos trifft ihren Gesichtsausdruck ganz gut.

"Alles okay?", frage ich vorsichtig.

Sie nickt. "Hallo, Carmen." Als wäre es total normal, streichelt sie ebenfalls über das Armaturenbrett. Dann murmelt sie: "Ich darf mich nicht beklagen. Ich rede mit toten Menschen, warum sollten andere nicht mit ihrem Auto reden."

In meiner Brust rumpelt es, dann zuckt mein ganzer Oberkörper, schließlich breche ich in schallendes Gelächter aus.

"Wir werden viel Spaß miteinander haben, Babe."

8. Date … oder so

Meine Unfähigkeit, ihr keine blöden Spitznamen zu geben, sollte ich wirklich einmal überdenken. Aber Honey lässt mich einfach zu schnell vergessen, dass sie eben nicht Curley ist und dass ich ihr eben nicht alles sagen kann, was ich will.

Aber so vieles an ihr ist genau wie Curley! Ich meine, sie ist eine Frau – was weder ich noch mein Schwanz jemals bestreiten würden – und sie sitzt hier und schaufelt diese Nudeln in sich hinein.

Nein, sie isst nicht, sie schaufelt wirklich. Genauso wie Curley es eben tun würde, ohne sich zurückzuhalten.

"Entschuldigung", sagt sie plötzlich und richtet sich auf.

Ein bisschen verdutzt blinzle ich. "Wofür?"

Sie lächelt ganz leicht, und ich schwöre, es sieht verdammt noch mal zum Anbeißen aus!

"Dass ich hier so reinhaue … du weißt schon, eigentlich sollte ich Salat essen und dabei aussehen wie einer dieser putzigen Hamster."

Ich lache laut auf. "Wer zum Teufel hat dir denn so einen Scheiß erzählt?"

Sie zuckt mit den Schultern. "Die Gesellschaft."

Mit dem Griff meiner Gabel hebe ich ihr Kinn an. "Ich gebe einen Fick auf die Gesellschaft. Du hast Hunger? Nur zu!"

Sie verdreht die Augen und schiebt sich einen weiteren Löffel in den Mund. Aber deutlich zögerlicher als zuvor.

Es ist meine Schuld und es ärgert mich.

"Ich habe nur so geschaut, weil normalerweise nur Curley so unbeschwert vor mir isst."

Sie lächelt mich warm an, als hätte ich gerade irgendwas von Babykätzchen erzählt.

"Ich finde es so schön, dass du sie so nehmen kannst, wie sie ist." Verwirrt runzle ich die Stirn, doch Honey redet schon weiter. "Weißt du, ich war den ganzen Tag mit meinen Leichen beschäftigt. Ich vergesse da einfach zu oft das Essen."

Mir würde *einfach zu oft* der Hunger vergehen, aber das sage ich lieber nicht. Ich will nicht, dass sie aufhört zu essen, und erst recht nicht, dass sie aufhört, so zu lächeln.

Den Rest des Essens schweigen wir viel oder reden über Oberflächliches. Ich weiß nicht genau, was passiert ist, aber die Veränderung in unserem Gespräch ärgert mich.

Von Satz zu Satz, den sie mehr oder weniger über die Farbe des Himmels redet, werde ich genervter.

Genervter von ihr, weil sie jegliches Interesse an einer wirklichen Unterhaltung verloren zu haben scheint, und genervt von mir, weil ich keine Möglichkeit finde, sie aus diesem Schneckenhaus zu locken.

Am Ende des Abends muss ich schon mein Kiefer knacken lassen, so verspannt ist alles vom Zähneaufeinanderbeißen.

"Die Rechnung, bitte", sage ich zu dem Kellner, als dieser auf meinen Blick hin an unseren Tisch tritt.

"Getrennt", wirft Honey ein.

Ich starre sie fassungslos an. Ich meine, echt jetzt? Sie kann doch nicht ernsthaft meinen, dass ich sie zum Essen einlade und dann selbst zahlen lasse.

"Zusammen!", beharre ich und starre den Kellner so lange an, bis er sich nickend vom Tisch entfernt.

"Das ist nicht nötig, Riaz", beschwert sie sich. "Wir sind als Freunde hier …" Sie klingt beinahe anklagend.

Ich schnaube nur. "Na und? Ich lasse Curley auch nicht bezahlen!"

"Das ist etwas ganz anderes!"

Gott sei Dank wird sie vom Kellner unterbrochen, der zurück an den Tisch tritt und mir die Mappe gibt. Ich lege das Geld plus den üblichen Tipp hinein und lasse die Mappe dann auf den Tisch fallen.

"Lass es mich dir einfach wieder geben …", fordert Honey, und ich würde sie gern schütteln. Was soll diese lächerliche Diskussion?

Sie zieht ihre viel zu kurze Jacke an, ehe ich ihr helfen kann. Es stört mich. Genau genommen macht es mich sogar wütend, weil sie mir diesen durch und durch männlichen Part verwehrt.

Ich meine, das ist mein Ding, oder? Ich komme doch auch nicht im Rock und stehle ihr damit die Show!

Sie ignoriert, wie galant ich ihr die Tür beim Hinausgehen aufhalte, etwas, was Curley mir immer wieder eingebläut hat.

Ebenso ignoriert sie meinen ihr dargebotenen Arm.

Von Schritt zu Schritt steigt mein Wutpegel weiter.

Als sie dann ins Rutschen gerät, kann ich sie grade noch um die schlanke Taille packen und an meine Brust ziehen, ehe sie auf die Schnauze fällt und sich damit diese entzückenden Beinchen ruiniert.

"Verdammt noch mal!", fluche ich und ärgere mich gleichzeitig, dass meine Herzfrequenz sich bei dem Gedanken, dass sie stürzen könnte, abrupt verdreifacht hat.

"Huch! Ziemlich glatt!", keucht sie und krallt sich in meinem Shirt fest.

"Ziemlich glatt? Ziemlich GLATT?", frage ich ungläubig und zugegebenermaßen nicht sonderlich ruhig.

"Ja … ich bin gerutscht … sorry", murmelt sie und versucht sich von mir wegzudrücken.

Ich presse sie fester an mich, kann den Gedanken nicht ertragen, dass sie sich eines dieser hübschen Beinchen bricht, weil sie auf dem Glatteis mit ihren Sommerstiefeln ausrutscht.

"Du bist gerutscht, weil du verdammt noch mal immer mit Sommerklamotten durch die

Gegend rennst!", knurre ich, und mir ist bewusst, dass ich nicht besonders freundlich klinge.

"Ich … ich …", stottert sie mit weit aufgerissenen Augen.

Oder sie stottert nicht, sondern klappert nur mit den Zähnen, weil ihr in diesem winzigen Röckchen und der viel zu leichten Jacke extrem kalt ist.

Dieser Gedanke macht mich noch um einiges wütender. Ich meine, es kann doch nicht so schwer sein, sich passend zu kleiden!

Kurzerhand hebe ich sie auf meine Arme. "Du läufst verdammt noch mal rum wie im Sommer und wunderst dich, wenn du dauernd in irgendwelche Typen stolperst oder blöd angemacht wirst, weil die Hälfte deines Arsches raushängt und …"

"Halt verdammt noch mal deine Klappe!", schreit Honey und schlägt mir überraschend hart auf die Brust. "Und lass mich runter!", flucht sie gleich hinterher und beginnt zu zappeln, als würde ihr erst jetzt bewusst werden, dass ich sie trage.

Schnell bringe ich ungeachtet ihres kleinen Wutausbruchs die letzten Meter hinter mich und stelle sie direkt neben Carmen ab.

"Auf diesen Dingern lass ich dich keinen

Meter mehr gehen!" Ich deute auf die Tabledancetreter.

"Es geht dich einen Scheißdreck an! Ich habe im Moment eben nichts anderes und ich werde diese paar Wochen auch so überleben!"

Trocken lache ich auf. "Wer hat bitte schön nichts anzuziehen, was ein bisschen mehr Stoff hat als das hier?!"

Ich versuche tief durchzuatmen, weil meine Stimme verdächtig nach einem Brüllen klingt.

Sie klatscht mir mit der Handfläche auf die Stirn, als wäre sie Curley und wir seit Ewigkeiten befreundet.

"Wie wärs damit, Macho-Mann: Jemand, der gerade aus einem der heißesten, hauptsächlich aus Wüste bestehenden Bundesstaaten hierhergezogen ist und einfach keine verdammte Waschmaschine hat!"

Ich würde mich liebend gern mit ihr auf eine Diskussion über Waschsaloons einlassen … aber verdammt noch mal! Diese Frau ist sowieso schon as sexy as hell, und wenn sie wütend ist, bringt sie den völlig vereisten Boden in Philadelphia zum Brennen.

Ich kann mich einfach nicht mehr zurückhalten, packe mit meinen Händen in die blonden Strähnen an ihrem Hinterkopf und presse meine Lippen auf ihre. Einen Moment lang scheint sie überrumpelt, dann krallt sie ihre Nägel in meinen Nacken und reist mich noch näher an sich. Ihre Zunge schiebt sich in meinen Mund, erobert mich und sorgt augenblicklich völlig kompromisslos für eine gewaltige Blutumverteilung in meinem Körper.

Ich will sie. Jetzt sofort!

Genauso schnell, wie sie mich an sich gerissen hat, stößt sie mich wieder von sich.

Ihre kleine Hand mit den manikürten, künstlichen Fingernägeln legt sich zitternd auf ihren Mund.

"Oh. Mein. Gott!" Es ist eine Mischung aus Quieken und entsetztem Stöhnen.

"Hey, hey", murmle ich beruhigend, obwohl ich selbst mit diesem Kuss absolut nicht klarkomme. Ich meine … wow … also ich habe eine Menge Frauen in meinem Leben gevögelt, aber nicht einmal die Hälfte der Orgasmen kommt an diesen kleinen Kuss heran.

Aus einem mir nicht ganz ersichtlichen Grund füllen sich ihre süßen Barbie-Augen schon wieder mit Tränen.

"Hey, es tut mir leid, okay? Alles halb so wild", versuche ich sie zu beruhigen, doch ihre Unterlippe beginnt bereits zu zittern.

Gott, ich hasse weinende Frauen! Ich fühle mich dann einfach immer so verdammt hilflos! Aber irgendwie ist es bei Honey besonders schlimm, so wie bei Curley. Ich hasse es!

Vielleicht friert sie aber auch einfach nur und muss gar nicht heulen, das würde das Zittern der Lippe auch erklären. Kurzerhand reiße ich die Wagentür auf und verfrachte sie hinein. "Carmen regelt das", murmle ich und komme mir dämlich vor, aber ich weiß einfach nicht, was ich sonst machen soll.

Schnell eile ich um die Schnauze meines Porsches herum und schwinge mich auf den Fahrersitz. Dann stelle ich sowohl die Standheizung als auch die Sitzheizung ein in der Hoffnung, dass Honey ganz schnell warm wird und die Lippe sich beruhigt.

Leider sind ihre Augen noch immer glasig, als wir am Supermarktparkplatz ankommen.

Als ich direkt vor dem Eingang zum Gebäude halte, lächelt sie mich spröde an. "Danke für den Abend", sagt sie und will aussteigen, ohne mich noch ein einziges Mal anzusehen. Ich schnappe mir ihr Handgelenk und ziehe sie zurück.

"Es tut mir leid, Babe", flüstere ich und meine es wirklich so. Ich will nicht, dass es ihr schlecht geht, dass sie sich meine Worte so zu Herzen nimmt. Oder war es der Kuss? Ich weiß es nicht, was es nicht unbedingt leichter macht.

"Schon okay", gibt sie genauso leise zurück. Dann streifen ihre extrem weichen Lippen meine Wange für einen so winzigen Moment, dass ich mich zwingen muss, sie trotzdem einfach gehen zu lassen.

Durch die Frontscheibe beobachte ich, wie ihr süßer kleiner Hintern, der viel zu wenig Stoff trägt, ins Haus wackelt. Ich will ihr nachlaufen und ihr alles erklären und sie auf jeden Fall noch einmal küssen, aber ich tue nichts davon. Nichts davon wäre richtig, es ist frustrierend, aber solange ich meinen eigenen beschissenen Kopf nicht auf der Reihe habe, darf ich sie da nicht mit reinziehen.

Wütend knalle ich Carmens Rückwärtsgang rein und fahre mit mehr Gas als nötig vom Parkplatz.

Die Wohnung liegt ganz still da. Ich schaue nicht nach, ob die Jungs ausgegangen sind oder bereits schlafen, ich will sowieso keinen von beiden sehen.

Die Einzige, die mir vielleicht ein kleines bisschen helfen könnte, ist Curley, aber ich komme mir immer so verdammt armselig vor, wenn ich wegen Frauen zu ihr renne.

Nicht, dass ich das schon oft getan hätte, aber die wenigen Male haben wirklich gereicht.

In Shorts lege ich mich ins Bett und verschränke die Arme hinter dem Kopf. Wir alle schlafen eigentlich nie nackt. Man weiß ja nie, wann einer von unseren Freunden vorbeikommt, weil er Gesellschaft braucht. Vor allem mit Curley ist es irgendwann einfach seltsam geworden. Leider bleiben meine Gedanken nicht lange bei Curley, sondern wandern zurück zu Honey.

Wenn Sex mit Honey nur annähernd so genial ist wie dieser Kuss, der mir noch immer durch Mark und Bein geht, werde ich nie wieder etwas anziehen in der Hoffnung, dass sie irgendwann mal vorbeischaut.

Leider hat sie auf meine Ankündigung, dass ich keine feste Freundin suche, eher so gewirkt, als würde sie einfach nur einen guten Freund suchen und Sex nicht auf der Liste stehen.

Stöhnend drehe ich mich zur Seite und angle nach meinem Handy.

WhatsApp bestätigt meine Vermutung. Alle schlafen bereits. Auch Honey.

Das wiederum ist gar nicht schlecht, so komme ich schon nicht in die Versuchung, ihr irgendwelche gestammelten Erklärungen zu geben, von denen ich den Sinn selbst nicht kenne.

Ich brauche ein bisschen Curley, ein bisschen normale Welt, dann klären sich meine Gedanken von ganz allein.

Sie hat ihr Profilbild gewechselt. Auf dem neuen verzieht sie ihr Gesicht zu einer ätzenden Grimasse. Zuletzt online vor zwei Minuten. Vielleicht ist sie sogar noch wach.

Lächelnd tippe ich meine Nachricht.

R: Babe, das Bild ist furchtbar. Schwing deinen süßen Arsch zum Frühstück zu mir.

Es wundert mich wenig, dass WhatsApp beinahe augenblicklich "Schreibt" anzeigt.

C: Soll ich gleich kommen?

Ich würde gerne Ja schreiben, aber ich weiß, dass sie schon mit Roy im Bett liegt, also verneine ich und drehe mich dann auf die Seite.

Schließlich bin ich kein heulendes Mädchen, das völlig verzweifelt allein in ihrem Bett liegt und dringend Hilfe benötigt. Ich kann durchaus auch allein nicht schlafen und über Sachen nachdenken, die mir völlig suspekt sind.

Zum Beispiel, dass ich Honey nicht verstehe oder mich selbst und diesen komischen Zwiespalt in mir. In meinem Kopf fängt es zu hämmern an. Kein gutes Zeichen. Ich muss dringend ein bisschen runterkommen, bevor ich ernsthaft Kopfschmerzen bekomme.

Meine Schlafzimmertür öffnet sich, aber ich stelle mich schlafend, ich will niemanden sehen. Curley hat bestimmt einem dieser Trottel Bescheid gegeben und jetzt versuchen sie mich aufzumuntern. Also nein, das werden sie nicht. Sie werden mir ein Bier in die Hand drücken, "Das ist ja scheiße" sagen und dann irgendeinen Film anschalten, den ich eigentlich nicht sehen will. Also, danke, aber nein, danke.

Dieser jemand lässt sich von meinem Schlafen aber nicht ablenken und kommt näher. Ich erkenne sofort an dem süßen Kokosgeruch, dass es Curley ist.

"Was machst du hier?", brumme ich.

Sie legt sich zu mir ins Bett und schmiegt sich nah an mich. "Roy muss jetzt dann sowieso zum Flughafen. Jetzt ist er eben eine Stunde früher los und hat mich gleich hier abgesetzt."

Ich schiebe sie ein Stück von mir und versuche im Mondlicht zu erkennen, ob sie mir die Wahrheit sagt.

"Wirklich, Riaz. Meine Güte, seit wann bist du so misstrauisch?"

Sofort verhärtet sich mein Magen zu einem Klumpen. Ich würde ihr gern sagen, dass ich, was Roy angeht, seit ihrem großen Streit so verdammt misstrauisch bin. Ich habe Roy ehrlich gesagt noch immer nicht ganz verziehen.

Ich habe nie verstanden, warum er mit Daniela zusammen sein wollte, um sich von seinem Verlangen nach Curley abzulenken. Aber ich habe es akzeptiert. Es ist ja fast so, wie wenn wir irgendwelche Frauen vögeln würden, einfach so, um Druck abzubauen.

In dem Moment, in dem er Daniela Curley vorgezogen hatte, war das Verständnis für mich vorbei. Und schlussendlich zu sehen, wie Curley zwei Wochen später zusammenbricht, weil Roy nicht genug Eier in der Hose hatte, um ihr die Wahrheit zu sagen, hat mir den Rest gegeben.

Curley ist sehr darauf bedacht, dass alles wie immer ist und dass sich das Verhältnis zwischen uns normalisiert, aber das wird es nicht. Zumindest nicht zwischen Roy und mir. Es gibt einfach ein paar Dinge, die ich nicht vergessen kann, und dazu zählt Verrat an meinen Freunden.

Roy weiß, dass ich versuche, ihm zu vergeben, dass ich es aber niemals aus meinem Kopf bekommen werde. Solche Situationen werden mich immer daran erinnern.

"Hey …" Ihre Stimme ist auf einmal ganz weich. Ich nenne sie Curleys Kuschelstimme. Sie setzt sie immer dann ein, wenn sie etwas möchte. Natürlich nur inoffiziell, denn wüsste Curley, dass sie so fast alles von mir haben kann, würde sie es gnadenlos ausnutzen.

"Komm einfach, Babe", brumme ich und ziehe sie an meine Brust. Solange es ihr gut geht, ist es mir eigentlich relativ egal, warum ich sie eine Nacht für mich habe. Ich werde mich bestimmt nicht darüber beschweren.

"Du wolltest doch reden", murmelt sie an meiner Brust, und ich verstehe sie kaum, so fest drücke ich sie dagegen.

Wenn sie mir ganz nah ist, dann kann ich mein Gesicht in ihre Locken drücken. So schlafe ich am liebsten.

"Ich wollte frühstücken, schauen, wie es meinem Arsch geht oder ob du wieder eine Diät machst. Du hast so dünn ausgesehen auf dem Profilbild." Ich verpacke es als Spaß, aber ich mag es gar nicht, wenn Curley abnimmt. An einer Frau muss doch was dran sein! Was zum Anfassen, wie bei Curley. Nicht so dünn wie Honey, auch wenn sie aus irgendeinem Grund trotzdem zum Anbeißen … und mehr, aussieht.

Curley kichert an meiner Brust und reißt mich damit Gott sei Dank aus meinen Fantasien über Honey, bevor ich eine Latte bekomme.

DAS wäre mit Curley in den Armen mehr als nur unangenehm.

"Ich hab die Backen aufgeblasen, du Idiot. Also was ist jetzt?"

Ich drücke meine Lippen auf ihren Scheitel. "Morgen, okay?"

Seufzend schlingt sie ihren Arm um meine Mitte und streichelt federleicht über meinen Rücken.

"Okay. Gute Nacht."

"Schlaf gut, Babe."

9. Gute Mädchen

Ich wache davon auf, dass Curley versucht, unter mir hervorzurobben. Manchmal passiert es, dass ich halb auf ihr liege. Normalerweise immer nur dann, wenn ich ein ungutes Gefühl habe und vermeiden will, dass sie abhaut.

"Wohin?" Ja, zugegeben, ich bin nicht gerade ein kommunikativer Morgenmensch, bevor ich einen Kaffee getrunken habe.

"Pippi!" Curley Gott sei Dank auch nicht. Denn Gequatsche am Morgen, bevor ich wirklich wach bin, treibt mich in den Wahnsinn.

Ich rolle mich von ihr runter und auf den Rücken. Als sie die Tür öffnet, höre ich die Stimmen der anderen. Damit ist ausgeschlossen, dass sie zurückkommt, also kann ich auch gleich aufstehen.

Mühsam schwinge ich die Beine aus dem Bett und quäle mich in die Küche, wo die Jungs schon am Tisch sitzen.

"Curley war über Nacht da?!" Elyas' Anklage klingt überlaut in meinem Kopf.

Ich ignoriere ihn und lasse zwei Tassen Kaffee aus dem Vollautomat.

Die Blicke beider brennen sich quasi in meinen Rücken, zumindest bis Curley kommt und sie begrüßt. Ich küsse sie auf die Stirn und gebe ihr einen Kaffee. Dann mache ich mich ans Frühstück für alle.

"Kannst du vergessen", sagt Damien, der immer noch angefressen klingt, auch wenn Curley mittlerweile an seine Schulter gelehnt auf der Eckbank lümmelt und ihren Kaffee trinkt.

"Ihr müsst frühstücken", sage ich und habe das Gefühl, dass ich mich seit dreißig Jahren nonstop wiederhole.

"Wollten wir ja." Als würde Elyas' Magen seine Aussage auditiv untermalen wollen, knurrt er übertrieben laut. "Aber du hast keine Milch gekauft."

Stöhnend lege ich den Kopf in den Nacken und drehe mich dann zu den anderen um. Ich schwöre, ich habe noch nie solche mitleiderregenden Welpenblicke gesehen. Sie sitzen zu dritt auf dieser beschissenen Bank und schauen mich an, als wäre ich dafür verantwortlich, dass sie seit Wochen nichts zu essen bekommen haben, und das, obwohl sie sonst nie frühstücken wollen.

"Ihr meint das ernst, oder? Ihr wollt, dass ich jetzt losgehe und Milch hole, damit ihr frühstücken könnt."

Alle drei nicken.

"Du hast keine Milch gekauft", sagt Elyas noch mal, als hätte ich ein wirklich schweres Verbrechen begangen.

"Ich bin nicht der Einzige, der einkaufen gehen kann. Ihr habt alle Arme und Beine, seid voll geschäftsfähig und durchaus dazu in der Lage, auch einzukaufen!"

"Ich bin zu Gast", sagt Curley und spielt wie immer diese eigentlich völlig ungültige Karte aus.

"Der Gast lehnt an mir", fügt Damien nickend hinzu, und ich weiß ganz genau, wo das endet.

"Die Füße des Gastes liegen auf meinem Schoß", sagt Elyas, nicht ohne noch einmal den Special-Sound-Effect seines Magens einfließen zu lassen.

Stöhnend drehe ich mich auf dem Absatz um. "Ihr seid unmöglich! Alle drei!"

Und ja, zugegebenermaßen fehlt mir Roy in

diesem Moment. Ich hätte noch jemanden gehabt, mit dem ich hätte diskutieren können, und aller Voraussicht nach hätte er verloren, weil er Curley nun mal nicht widerstehen kann.

Während ich meinen Kaffee in großen Schlucken leere, ziehe ich mir eine Jogginghose und einen grauen Hoodie an.

Grau, weil Curley meint, das passt perfekt zu meinem Teint und ich würde damit alle Frauen um den Finger wickeln.

Dann jogge ich los. Gleich um die Ecke ist ein kleiner Supermarkt, deshalb muss ich nicht bis zur Arbeit fahren. Auch wenn ich es mir ehrlicherweise kurz überlegt habe, nur um Honey eine kleine Nachricht zu hinterlassen.

Ich weiß, ich könnte ihr auch einfach übers Handy schreiben, aber das hat eben nicht so viel Stil wie diese Zettel. Im Gegenteil, irgendwie würde eine Handynachricht ein bisschen verzweifelt aussehen.

Im Supermarkt angekommen schnappe ich mir zwei Packungen Milch und auf dem Weg zur Kasse noch diese sauren Apfelringe, die Curley so gern mag.

Mit der Tüte in der Hand jogge ich zurück und hoffe, dass das dünne Plastik die Erschütterung aushält.

Zwei Stufen auf einmal nehmend renne ich das Treppenhaus hinauf und sperre die Tür auf.

Ich höre die Stimmen aus der Küche und kann es erst nicht zuordnen, doch beim Näherkommen erkenne ich Honeys Stimme.

"Also … ich wollte dir einfach nur sagen, wie leid mir das alles tut und dass es nie wieder vorkommen wird", sagt sie und klingt dabei fast schon flehend.

"Was wird nicht mehr vorkommen?", frage ich und stelle die Tüte auf der Arbeitsplatte ab.

Honey starrt mich mit großen Augen an, als wäre ich eine Erscheinung oder so.

In der Küche ist es ziemlich heiß. Deshalb – und ich schwöre nur deshalb und nicht etwa, weil ich Honey was bieten will – ziehe ich meinen Hoodie aus.

"Dass sie dich küsst", antwortet Elyas und mustert Honey neugierig. "Beim Warum sind wir noch nicht angekommen."

Mit einer erhobenen Augenbraue drehe ich mich zu Honey um. Ich verschränke die Arme vor der nackten Brust. Den Macho raushängen lassen und gut aussehen.

"Mich würde eher interessieren, warum Honey das euch erzählt und nicht mir."

Obwohl die Tatsache, dass sie nicht vorhat,

mich erneut zu küssen, mich ordentlich fuchst.

Sie starrt mir direkt auf die Brust, und ich merke, wie ihr Blick über meinen Sixpack zu der extrem tief sitzenden Jogginghose wandert.

"Honey?", frage ich auffordernd, kann mir ein Lächeln aber nicht verkneifen.

Sie wird knallrot und das gefällt mir. Ihr gefällt wohl nicht, dass es mir gefällt, deshalb funkelt sie mich auch so finster an.

"Ich will mich bei deiner Freundin für meinen Fehler entschuldigen!"

Einen Moment lang herrscht Totenstille in der Küche, dann brechen meine drei unhöflichen Freunde in schallendes Gelächter aus.

Honey blinzelt verwirrt und wird noch mehr rot. Sie tut mir ein bisschen leid. Curley und die Jungs haben einfach keinen Anstand und vergessen gern, dass nicht jeder unseren Humor versteht.

Ich schüttle den Kopf. "Curley ist nicht meine Freundin. Sie ist Roys Freundin; ich weiß nicht, ob du ihn schon kennengelernt hast."

Honey schüttelt den Kopf. Ein Stück weit ist dieses ganze Dilemma bestimmt auch meine Schuld.

Ich habe nicht sonderlich viel Wert darauf gelegt, Honey mein Umfeld zu erklären. Ich nehme fünf Schüsseln aus dem Schrank und befülle sie mit Müsli und Milch.

"Das hier ist Damiens, Elyas' und meine WG. Curley wohnt mit Roy ein paar Straßen weiter."

Ich stelle Curley ihr Müsli vor die Nase. "Curley ist meistens meine beste Freundin. Im Moment überlege ich aber, ob ich ihr die Apfelringe gebe, die ich gekauft habe."

Curley sieht mich an wie ein getretener Welpe, dann wandert ihr Blick schnell zu Honey. "Es tut mir leid, ehrlich! Für mich war nur die Vorstellung, dass Riaz und ich … Das ist … Er ist quasi mein Bruder, also ist das absolut nicht möglich", stammelt Curley.

Zur Belohnung werfe ich ihr die Apfelringe zu, auch wenn ich ihr noch nicht ganz verziehen habe. Ich nehme zwei weitere Schüsseln und gehe zu meinen dämlichen Mitbewohnern. "Damien kennst du ja …" Auch wenn mir das zugegebenermaßen gar nicht gefällt. "Und das ist Elyas. Wir sind alle zusammen aufgewachsen. Weshalb unser Umgang miteinander … na ja, eben nicht für jeden verständlich ist."

Damien zieht Curley an sich, die genüsslich ihre Apfelringe isst. Ich bin Damien dankbar dafür, vielleicht ist es für Honey so leichter zu verstehen.

Ich nehme eine weitere Schale Müsli und stelle sie vor Honey ab, die mich mit riesigen Augen ansieht.

"Du musst dich also bei niemandem für irgendwas entschuldigen, okay?", flüstere ich in der Hoffnung, dass die drei Idioten es nicht mitbekommen.

Sie nickt und leckt sich dann ganz kurz über die Unterlippe. Ich kann nicht anders und küsse die Stelle für den Bruchteil einer Sekunde.

Ihre Lippen sind weich und warm. Genauso göttlich, wie ich sie in Erinnerung hatte. Mein Gott, ich will in ihren Nacken greifen und sie so lange küssen, bis wir keine Luft mehr bekommen und nur noch keuchen können.

"Dann sind wir uns ja einig." Es fällt mir verdammt schwer, mich wieder aufzurichten, aber ich höre Curleys unterdrücktes Kichern.

"Dein Müsli, Curley!", mahne ich, weil sie immer noch nicht angefangen hat und in spätestens fünf Minuten darüber jammert, dass es zu labbrig ist.

Grummelnd isst sie und ich tue es ihr gleich. Ich beobachte Honey dabei, wie sie lustlos in ihrem Müsli rührt. Ich mag das nicht, weil man Essen einfach essen soll und nicht damit spielen.

Könnte daran liegen, dass ich mehr als einmal

hungrig vom Tisch aufgestanden bin, während die Hälfte von Junes Essen in einem Umkreis von drei Metern um ihren Hochstuhl verteilt gelegen hat.

Aber ich schaue trotzdem lieber Honey zu, als mich Damiens forschendem Blick zu stellen, den ich wie Säure in meinem Profil spüre.

"Iss!", fordere ich sie nach weiteren zwei Minuten Gerühre auf.

Die anderen und ich sind schon fertig und warten darauf, dass Honey in die Gänge kommt, damit wir uns aufs Sofa verziehen können.

Bei meinen Freunden funktioniert diese Anweisung ganz gut. Honey hingegen funkelt mich böse an.

"Es tut mir leid, wenn ich nicht so begeistert bin bei der Aussicht auf Bauchschmerzen."

Ich lasse wieder den Macker raushängen, wie Curley es beschreiben würde, verschränke die Arme vor der Brust und lehne mich gegen die Arbeitsplatte.

"Vom Frühstück?", frage ich und ziehe spöttisch eine Augenbraue nach oben.

"Von Laktose", ätzt sie, was mir tatsächlich den Wind aus den Segeln nimmt.

Ich höre das leise Kichern der anderen, die das hier wahrscheinlich sogar noch lieber beobachten als die neuen Games-of-Thrones-Folgen.

Ich gehe zum Kühlschrank, nehme eine Banane heraus. Ich lege sie vor Honey auf den Tisch und nehme im Gegenzug das Müsli. Dann gehe ich zurück an die Küchenzeile und lehne mich an. Honey – und voraussichtlich auch die anderen – beobachtet mich dabei, wie ich das Müsli esse.

Eine kurze Zeit später deute ich mit meinem Löffel auf die Banane. "Iss." Sie hebt eine Augenbraue, fängt aber an, die Banane zu schälen.

Ungefähr dreißig Sekunden später bereue ich es, ihr eine Banane gegeben zu haben. Ich glaube, ich habe noch nie eine Frau eine Banane so verdammt dreckig essen sehen. Und sie macht es mit purer Absicht.

Es fällt mir schwer, einfach weiterzuessen, während sämtliches Blut sich in meinem Schwanz sammelt.

Ihre vollen Lippen schließen sich immer wieder lasziv um die eigentlich völlig harmlose Frucht und treiben mein Kopfkino zur Höchstleistung.

Curley räuspert sich und springt gleichzeitig mit Elyas auf. Unsere Zuschauer habe ich schon ganz vergessen.

"Okay. Also bis hierhin wars lustig mit euch, wir gehen jetzt", sagt sie dann.

Ich sehe, dass Honeys Vorführung auch Elyas nicht ganz kaltgelassen hat, und funkle ihn wütend an.

Der zuckt nur die Schultern. "Ich bin auch nur ein Mann."

Damien hingegen wirkt eher nachdenklich als angeturnt, aber irgendwie ist mir das sogar lieber, obwohl ich das normalerweise überhaupt nicht mag.

Als auch er die Küche verlassen hat, wandert mein Blick zurück zu Honey, deren Kopf der Farbe einer Tomate gleicht.

"Auf einmal schüchtern?", frage ich, um ihr aus ihrer Verlegenheit zu helfen.

Ich esse den letzten Rest meines Müslis und stelle die Schüssel beiseite, während sie sich mit wütendem Blick den Rest Banane in den Mund schiebt. Ein ziemlich großes Stück wohlgemerkt.

Mehr Blut findet seinen Weg in meine südlichen Regionen.

"Es braucht dir nicht peinlich zu sein … Honey." Ich genieße es, wie sinnlich der Name sich auf meinen Lippen anfühlt. Sie schnaubt, und ich beschließe, dass es eine gute Idee ist, sie noch weiter aus der Reserve zu locken.

Auf sie zu gehend greife ich durch die Hose nach meinem immer noch erregten besten Stück und massiere es herausfordernd. "Das sah ziemlich heiß aus", sage ich und bemerke wohlwollend, wie Honeys Augen sich weiten.

Sie steht von dem Stuhl auf und leckt sich wieder über die Unterlippe. *Meine* Unterlippe, auf der *ich* herumknabbern will und über die *ich* lecken möchte. Automatisch rücke ich näher.

"Du willst keine Freundin", sagt sie leise und drückt ihre Hände wenig überzeugend gegen meinen Brustkorb. Die Berührung fühlt sich verdammt gut an und ich kann mich endgültig nicht mehr beherrschen.

Ich schlinge meine Arme um sie und ziehe sie mit einem Ruck an mich. Als ich sie an die Wand presse, schlingt sie ihre schlanken Beine um meine Taille. Ihr kleiner Knackarsch liegt in meinen Händen.

"Was nicht heißt, dass ich keinen Sex mit dir will", flüstere ich, und sie so nah an meinem besten Stück zu spüren, macht mich völlig verrückt.

Ihr scheint es ähnlich zu gehen, denn ihr Blick ist unstet und ihre Atmung keuchend.

"Sag Ja", flüstere ich und drücke mich gegen ihre Mitte.

Stöhnend presst sie ihren heißen Mund auf meinen. Ich werte das mal als Ja.

Sie schmeckt nach Banane, was mir sofort wieder die heißen Bilder von eben in den Kopf zaubert.

Gerade noch rechtzeitig erinnere ich mich daran, dass meine Freunde ohne Taktgefühl im Wohnzimmer sitzen, also trage ich Honey so schnell wie möglich in mein Zimmer.

10. Danach

Okay. Hiermit ist es also offiziell, Honey zieht mir den Boden unter den Füßen weg. Ich meine … das war … wow.

Langsam drehe ich meinen Kopf auf dem Kissen. Sie ist irgendwann einfach eingeschlafen, während ich noch über den wahrscheinlich besten Sex meines Lebens nachdenke.

Honey ist anders, sie ist so echt, so leidenschaftlich.

Die blonden, langen Strähnen hängen ziemlich wild in ihrem Gesicht. Eine davon bewegt sich ständig beim Ein- und Ausatmen, was irgendwie verdammt süß aussieht.

Das leise Klopfen an der Tür reißt mich aus meiner Betrachtung. Wer auch immer mich stört, wird dafür büßen müssen. Ich habe das noch nicht genug genossen, und ich weiß verdammt noch mal immer noch nicht genau, was das hier überhaupt werden soll.

Zornig schwinge ich mich aus dem Bett und werde mich ganz bestimmt nicht anziehen, bevor ich diese beschissene Tür aufmache.

Die Tatsache, dass Honey und ich sehr laut gewesen waren und dass überhaupt geklopft wird, sagt mir ziemlich deutlich, dass sie wissen, was wir hier gerade getrieben haben.

Wenn es also nicht wirklich wichtig ist, sollen sie schauen, dass sie an Land gewinnen.

"Was?", zische ich, noch während ich die Tür aufreiße. Gleich darauf bereue ich meinen Ton, denn Curley blinzelt mich schuldbewusst an, ehe sie sich eine Hand vor die Augen hält.

"Ihr habt mich deshalb vorgeschickt, oder?", ruft sie den anderen zu. "O Gott, ich wollte das nicht sehen."

Genervt schiebe ich sie zur Seite und gehe ins Bad. Okay, ich habe normal keinen Sex, wenn Curley da ist, deswegen ist es mir vor ihr jetzt vielleicht doch ein klein wenig unangenehm.

Eine Zwei-Minuten-Dusche und ein Handtuch um die Hüften später ziehe ich Curley die Hand von den Augen. "Alles bedeckt. Also was willst du?"

Die Veränderung ihres Gesichtsausdrucks sagt mir sofort, dass irgendwas so gar nicht stimmt.

"Ähm … also June hat angerufen. Sie ist ein bisschen hysterisch und am Heulen, weil sie dich nicht erreicht."

Mein Herz schlägt automatisch langsamer, wie in Zeitlupe, und ich hoffe nur, dass nichts wirklich Schlimmes passiert ist.

"Danke, Babe", sage ich ruhig, gehe um Curley herum und zurück in mein Zimmer. Während ich mich anziehe, rufe ich June an.

Das Erste, was ich höre, als sie meinen Anruf entgegennimmt, ist ihr Schniefen. Am Telefon ist es ein wenig schwer einzuschätzen, ob es ein richtiges Die-Welt-geht-unter-Schniefen ist oder ein Drama-Baby-Drama-Schniefen. Bei June ist beides drin.

"Hey, Süße, was ist los?", frage ich so ruhig wie möglich.

Eine kaum verständliche Mischung aus Schniefen, Heulen und Worten dringt durch die Leitung. Das Ganze wird gepaart mit ein paar Anschuldigungen, weil ich einmal für beinahe eine Stunde nicht erreichbar war.

Der Gedanke lässt mich nach Honey umsehen. Sie sieht mich ein wenig verwirrt und verdammt sexy an.

Mein Gott, ich will sie schon wieder vögeln.

Ich gehe zu ihr und streichle ihr über die weiche Wange, ehe ich ihren Kopf mit einer Hand unter ihrem Kinn zurück in den Nacken drücke.

Ihre Lippen stehen verführerisch offen. Ganz langsam streichle ich mit dem Daumen darüber.

Dann schiebe ich ebendiesen in ihren Mund. Stöhnend schließe ich die Augen, als sie daran saugt.

"Hörst du mir überhaupt zu?", schnieft June ins Telefon.

"Klar doch, Baby", murmle ich, mit den Gedanken ganz woanders.

"Sie ist noch da, nicht wahr? Sonst würdest du niemals Baby sagen." Sie speit das Wort förmlich heraus und fängt dann wieder hysterisch zu heulen an.

Unterbrochen wird das Ganze nur durch die Anschuldigungen, dass es bei Männern doch sowieso immer nur um Sex gehe.

Das lässt dann doch die Großer-Bruder-Alarmglocken bei mir schrillen.

"June, hör auf mit dem Scheiß. Du weißt, dass ich dich liebe!", sage ich, dann gehe ich ein bisschen auf Abstand zu Honey, bevor ich wieder den Fokus verliere.

Während June mir einen Vorwurf nach dem nächsten macht, schließe ich meine Hose und ziehe ein Shirt über.

"Natürlich ziehe ich dir niemanden vor. Komm schon, Kleines, du weißt, wie wichtig du mir bist."

June heult noch einmal auf und legt dann auf. Damit ist auch klar, dass ich sie nicht mehr erreichen werde.

Die Dramaqueen hat sie einfach perfektioniert, und mir bleibt nichts anderes mehr übrig, als zu ihr zu fahren.

Ich reibe mir über die Stirn und drehe mich zu Honey um, die die Decke bis zum Kinn hochgezogen hat und am Bettrand sitzt.

"Es tut mir leid, Süße, aber ich muss los."

Sie sieht mich an, als wäre ich ein Alien, aber ich habe jetzt einfach keine andere Wahl.

Ich stecke Handy, Portemonnaie und Autoschlüssel ein, dann ziehe ich meine Lederjacke an.

"Schräg gegenüber ist das Bad, nimm dir einfach, was du brauchst. Ich würde ja sagen, dass du warten kannst, bis ich wiederkomme, aber ich werde vielleicht über Nacht bei June bleiben, von daher ..."

Abrupt steht sie auf und hebt eine Hand.

"Nein, kein Problem. Ich hab heute sowieso noch was vor."

Ich wusste, dass Honey der Hammer ist, aber sie ist sogar noch besser, als ich erwartet habe.

Ich gehe zu ihr, will sie auf den Mund küssen, doch sie dreht mir die Wange zu.

Ein wenig verwirrt runzle ich die Stirn. "Alles okay?"

Sie lächelt ein bisschen falsch und sammelt die Klamotten auf, die ich ihr gerade vom Körper gerissen habe.

"Klar, geh nur, ich bin gleich weg."

Ah! Darum geht es. Ich schnappe sie um die Taille und ziehe sie an mich. "Du kannst auch bleiben. Ich weiß nur nicht, wann ich zurück bin."

Honey sieht mich irgendwie verwirrt an und schüttelt dann den Kopf. "June …"

"June kommt nie hierher, keine Sorge." Ich tätschle ihren Hintern und gebe ihr einen letzten viel zu kurzen Kuss auf die Lippen.

"Ich muss los, bevor sie mir den Kopf abreißt."

Den anderen rufe ich nur beim Hinausgehen zu, dass ich zu June fahre, dann spurte ich die Treppen hinunter.

Vier Stunden später bin ich wirklich am Arsch. Ich hasse heulende Frauen, habe ich das mal erwähnt? Und ich schwöre, June ist die Königin von ihnen. Sie macht Heulen zu einer Art Ausdauersport, wobei ihre Heulfrequenz genau in dem Bereich liegt, der mir nachhaltig Kopfschmerzen bereitet.

Junes Heulen ist eine andere Art Heulen als das von Honey. Bei Honey hat es immer etwas Anmutiges, Prinzessinnenhaftes. Bei June ist es fordernd und ziemlich theatralisch.

Okay, der Typ, der sie da betrogen hat, ist ein wirkliches Arschloch, und wenn ich ihn finde, poliere ich ihm die Fresse.

Aber vier Stunden? Echt jetzt? Curley hat sich vorletztes Jahr ein Bein gebrochen und hat nicht mal halb so lange geweint.

Ich bin ziemlich erschöpft, als June schließlich an meine Brust geschmiegt einschläft. Curley streckt irgendwann ihren Kopf ins Zimmer und zieht fragend die Augenbrauen nach oben. Ich deute auf meinen Kopf, und kurz darauf kommt sie mit Aspirin und einer kalten Kompresse für meine Augen zurück.

"Ich liebe dich, willst du mich heiraten?", flüstere ich.

Curley schnalzt leise mit der Zunge. "Du hast

mal gesagt, dass mein Arsch mein Mundwerk nicht ausgleicht, also keine Chance!"

Unterdrückt lachend lege ich mich zurück. Ich bleibe bei ihr und sorge dafür, dass es June morgen auch noch gut geht. Bis Montag sollte das ja wieder im Griff sein.

Zumindest wenn ich die Menschen in meinem Umfeld so ansehe. Alle elf Minuten verliebt sich einer, nach 15 ist es die große Liebe, alle 30 dann eine Trennung inklusive theatralischen Herzschmerzes und in der Woche darauf geht es von vorn los.

Würden sie sich alle einfach prophylaktisch von Beziehungen fernhalten, wie meine Freunde und ich es tun, hätten sie diese beschissenen Probleme nicht.

Man muss einfach nur von vornherein die Fronten klären, dann kann man das volle Programm ohne Liebeskummer genießen.

Meine kleine Schwester wird das schon auch noch verstehen. Ich werde ihr zeigen, wie es funktioniert, und gut.

Müde schließe ich die Augen und denke sofort wieder an Honey, wie verdammt gut sie sich in meinen Armen angefühlt hat und dass ich sie genau dort ganz dringend wieder haben möchte.

Honey ist definitiv eine Traumfrau.

11. Neue Woche

Die Zeit mit June hat mich wieder daran erinnert, wie vollkommen unterschiedlich wir eigentlich sind. Ich liebe sie wirklich, aber ich kann mit Drama und Geheule einfach nichts anfangen. Völlig ausgelaugt sitze ich an meinem Bürotisch und starre abwechselnd auf den Bildschirm und nach draußen zu Carmen in der Hoffnung, dass Honey eine pinke Blume dagelassen hat. Leider nicht. Sie hat sich noch nicht einmal wie gewöhnlich für die guten Wünsche auf meinem grünen Stern bedankt. So gar keine Nachricht macht mich irgendwie stutzig. Die nächsten fünf Minuten verbringe ich damit, mein Handy böse anzustarren. Da auch damit kein Erfolg zu erzielen ist, nehme ich es und schreibe Honey eine Nachricht.

R: Naaa?

Ich bereue es im selben Moment, aber ändern kann ich es auch nicht mehr. Ich lege das Handy beiseite, weil es irgendwie armselig ist, wenn es so aussieht, als würde ich auf ihre Antwort warten – dass ich tatsächlich darauf warte, tut nichts zur Sache.

Ich schreibe June eine E-Mail, damit ich mit dem Handy nicht online gehen muss. Es geht ihr gut, antwortet sie und dass sie über den Verrat hinwegkommen würde.

Dramaqueen!

Dann schaffe ich es eine geschlagene Viertelstunde, mich auf die Arbeit zu konzentrieren. Bis mein Handy vibriert und alle Bemühungen zunichtemacht. Mein Herz schlägt schneller, doch schon in der Vorschau sehe ich, dass es Elyas ist und nicht Honey.

E: Kneipentour. B5. Sieben Uhr.

Ich antworte mit einem Daumen nach oben. Wenn alle fünf mit von der Partie sind, ist die Teilnahme quasi Pflicht.

Meine Nachricht an Honey ist noch ungelesen.

Vielleicht steckt sie gerade bis zum Ellenbogen in einer Leiche und kann deshalb nicht antworten. Ihr gleich noch mal zu schreiben kommt aber nicht infrage.

Das wäre noch armseliger, als hier zu sitzen und auf eine Antwort zu warten.

Nachdem ich das Handy aus meiner Sichtweite verbannt habe, klappt es auch mit dem Arbeiten wieder besser. Ehe ich mich versehe, ist es Zeit, Feierabend zu machen. So schnell ist mein Arbeitstag seit Wochen nicht mehr vergangen.

Ein Blick nach draußen sagt mir, dass Honey noch nicht zu Hause ist. Und auch meine Nachricht hat sie noch immer nicht gelesen.

Während ich zu Carmen laufe, beschließe ich, dass genug Zeit seit meiner letzten Nachricht vergangen ist.

R: Geht's dir gut?

Dann werfe ich das Handy auf den Beifahrersitz und parke aus. Ich sollte nicht so paranoid sein. Sie ist eine Frau, die sind von Haus aus manchmal komisch. Außerdem hat sie einen Job, da kann sie schließlich auch nicht dauernd am Handy sitzen. Vielleicht liegt es sogar in ihrer

Wohnung und sie hat überhaupt nichts mitbekommen.

Deutlich entspannter komme ich zu Hause an. Curley und Roy sind schon da und warten darauf, dass der Rest von uns auch endlich fertig wird.

Mit der Faust hämmere ich gegen die Badezimmertür.

"Beeil dich mal, Damien. Ich will auch noch duschen!", rufe ich, weil er seit einer gefühlten Ewigkeit im Bad ist.

"Du hast den ganzen Tag nur am Schreibtisch gesessen, während ich todkranke Menschen behandelt habe. Wer von uns hat die Dusche nötiger?", sagt er, als er endlich aus dem Bad kommt.

Ich antworte ihm nicht, da ich nur noch fünf Minuten Zeit habe, bis Curley zu nörgeln beginnt.

Eine Blitzdusche ohne Rasur später schlüpfe ich in die zerrissene helle Jeans, die noch an der Tür hängt. Dann eile ich ins Wohnzimmer, um mir ein Shirt und Socken zu holen. Die Shorts spare ich mir.

"Riaz!", jammert Curley, und ich weiß sofort, dass sie mitbekommen hat, dass ich mir dieses Detail einfach ausgelassen habe.

Elyas und ich sind beide nicht die Fans von Shorts unter Jeans. Früher haben wir, wenn

Curley sich darüber aufgeregt hat, immer zur Ausrede genommen, dass alle Shorts in der Wäsche sind.

Bis sie angefangen hat, uns Shorts zu kaufen. Bevorzugt welche mit dämlichen Mustern. Herzchen oder etwas in der Art.

Heute habe ich Roy als Ausrede. "Wäre ich nackt zum Wäschekorb gelaufen, hätte der Höhlenmensch neben dir einen Anfall bekommen."

Roy nickt bestätigend.

Schnell ziehe ich mich fertig an. Das schwarze, enge Longsleeve lässt sich verdammt schwer über die noch ein wenig feuchte Haut ziehen.

Als es an der Tür klingelt, sehe ich Curley Hilfe suchend an. Ohne Unterstützung werde ich das Taxi verpassen. Sie stöhnt, kommt aber zu mir und zieht mir das Shirt am Rücken herunter.

"Es ist zu klein, Riaz", nörgelt sie.

Ich ziehe mir meine Lederjacke über und schlüpfe gleichzeitig in meine Sneakers. "Nein, es passt schon", sage ich und schiebe Curley vor mir her ins Treppenhaus.

"Genauer gesagt passt es wie angegossen", antwortet sie und schnappt sich Roys Hand beim Rausgehen.

"Es ist nicht zu eng!", rufe ich ihr hinterher, aber ich weiß, dass ich die Diskussion verloren habe, weil sie nur auf diese ganz spezielle Curley-Art lacht. Dieses eine Lachen, das besagt: "Egal, was du jetzt sagst, ich habe sowieso schon eine Meinung. Du hast verloren, finde dich damit ab."

Ich hasse es, weiß aber, dass ich absolut machtlos dagegen bin. Die Fahrt in unsere Stammkneipe dauert nicht lang, und weil wir noch früh dran sind, haben wir auch keine Probleme, einen Tisch zu bekommen. Unauffällig schaue ich immer wieder auf mein Handy.

Irgendwann zwischen dem vierten und dem fünften Bier hat Honey meine Nachricht gelesen, allerdings ohne sie zu beantworten. Das macht mich wirklich stutzig.

Was zum Teufel habe ich ihr getan? Ich meine, es war doch noch alles völlig in Ordnung, als ich am Samstag gegangen bin.

"Was ist los?", fragt Curley und versucht über meine Schulter auf mein Handy zu spähen.

Schnell schiebe ich es in meine Hosentasche. Ich will nicht, dass Curley sieht, wie viel ich mit Honey schreibe … oder geschrieben habe, denn aus irgendeinem Grund antwortet sie ja nicht mehr.

Ein Frauengrund also. Frauen haben diese ganz spezielle Gabe, ihre Probleme zu deinen eigenen zu machen und es am Schluss noch so zu drehen, dass es von Anfang an dein Verschulden war.

"Immer noch Honey?", fragt Curley und klingt fast schon verwundert.

"Warum nicht?", brumme ich, aber nur, weil sie sich an mich lehnt, um mich auszuquetschen, und ich gerade eine Aufmunterung brauche.

Warum zur Hölle hat Honey mich einfach abserviert? Wir hatten Spaß und dann bäm, Ende. Noch so ein Frauending. Frauen sind absolut undurchschaubare Wesen. Ihre Meinung kann sich innerhalb von einer Millisekunde um 180 Grad drehen.

Und wehe, man ist so unvernünftig und weist sie darauf hin, dann bricht ein richtiger Krieg vom Zaun, den man noch nicht einmal hat kommen sehen.

Diesen Bitchmove hat sogar Curley drauf. Ich habe mich einmal ziemlich in die Nesseln gesetzt, als ich sie auf ihr Gezicke hin gefragt habe, ob sie ihre Tage hat.

Die Erkenntnis, dass das die dümmste Frage aller Zeiten war, hat sich so sehr in mein Langzeitgedächtnis gebrannt wie mein frühkindliches Erkennen, dass man Hände nicht auf heiße Kochplatten legen darf.

"Weil Frauen nie über einen längeren Zeitraum dein Interesse halten können", antwortet Curley und klingt irgendwie genervt.

Damien mustert mich wieder auf diese ganz spezielle Art über den Tisch hinweg. Ich hasse es, fast so sehr wie Curleys bohrende Frage, auf die ich selbst keine Antwort habe.

"Ich halte es seit 29 Jahren mit dir aus", gebe ich zurück.

"Hört, hört", ruft Elyas bestätigend und hebt seine Bierflasche zum Anstoßen nach oben.

Wir alle ignorieren Curleys gespielt pikiertes Schnauben und stoßen miteinander an.

"Das ist etwas völlig anderes und das weißt du auch! Mit mir hast du schließlich auch keinen Sex gehabt!", argumentiert sie weiter.

"Das will ich auch hoffen", wirft Roy ein, bleibt aber weiter entspannt zurückgelehnt. Er nimmt noch nicht einmal den Kopf nach vorn, den er auf der Rückenlehne des kleinen Sofas abgelegt hat. Stattdessen wirft er weiter Nüsse in die Luft, die er mit dem Mund auffängt.

Ich glaube nicht, dass ich so entspannt bleiben würde, würde jemand über das Sexleben meiner Freundin reden.

"War sie gut?", fragt Elyas.

Mein "Geht dich einen Scheiß an" kommt gleichzeitig mit Damiens "Ich will das nicht hören!".

Curley lacht laut auf. "Vielleicht hat Riaz es nicht gebracht, deshalb antwortet sie auch nicht mehr." Sie winkt mit meinem Handy und ich würde sie gern umbringen. Wie zum Teufel hat sie es aus meiner Jackentasche bekommen, ohne dass ich etwas bemerkt habe?

"Gib es mir, Curley", warne ich sie. Sie lacht nur, aber Roy sieht mich irgendwie komisch an. Plötzlich nimmt er Curley das Handy weg und wirft es mir zu.

"Pass besser darauf auf, ich kann für die verrückte Diebin nicht garantieren", sagt er dann, ehe er sich zurücklehnt und wieder mit seinem Mund Nüsse fängt.

"Hey! Wie redest du von deiner Freundin?", beschwert Curley sich.

"Ich muss Roy recht geben", wirft Elyas ein. Auf Curleys wütenden Blick fährt er fort: "Du hast Lucy damals geschrieben, dass ich leider nicht mehr mit ihr ausgehen will, weil sie Pickel am Arsch hat. Sorry, Curley, aber du, ein Handy und die Nummer einer interessanten Frau sind keine gute Kombination."

Empört wirft sie die Hände in die Luft. "Hallo?! Du hast Larry dazu veranlasst, mir Fotos von seinem Riesenlarry zu schicken!" Einen Moment lang schweigen wir alle, dann brechen wir in schallendes Gelächter aus, als wir an die Nachrichten des Bärtigen denken.

"Hey, ist das nicht Honey?", fragt Elyas mitten in unser Lachen hinein.

Ruckartig drehe ich den Kopf, um seinem Blick folgen zu können. Tatsächlich, da ist sie. Gut gelaunt und sommerlich gekleidet wie immer.

Ich würde dem Arsch, der *ihren* Arsch gerade mehr als nur deutlich abcheckt, gern die Fresse polieren, muss aber dringend zuerst herausfinden, warum sie mir nicht mehr antwortet.

Ich springe auf, halte aber noch mal inne, als ich Curleys Hand an meinem Arm spüre. Als ich mich zu ihr umsehe, sieht sie ein wenig besorgt aus.

"Du solltest erst mal durchatmen, Großer. Dein Blick ist gruselig."

"Was?", frage ich, weil ich ihr nicht folgen kann.

"Daniela sagt, das heißt 'Wie bitte?'", wirft Elyas ein.

"Sprich nicht über das Perlenmonster. Sie ist

wie der Teufel und taucht dann immer sofort auf!", zischt Curley und klingt irgendwie hysterisch.

"Was willst du von mir, Curley?", frage ich noch einmal energischer.

"Knurr sie nicht so an!", schnauzen mich die anderen drei synchron an.

Curley sieht mich von unten herauf an wie der gestiefelte Kater. Riesige Augen, als würde sie jeden Moment losheulen. Grauenvolle Vorstellung.

"Du heulst jetzt nicht, oder?", frage ich vorsichtshalber. Dann hätte ich zumindest die Chance, mich darauf vorzubereiten.

Sie lässt mich los und wirft irgendwie verzweifelt die Arme in die Luft. "Du kannst mich nicht anschnauzen und mich dann so vorwurfsvoll anschauen, wenn ich traurig bin."

Ich ahme ihre Geste zugegebenermaßen etwas übertrieben nach, aber irgendwie treibt sie mich gerade in den Wahnsinn. "Ich will nur nicht, dass du heulst. Ihr Frauen heult alle irgendwie ständig! Das macht mich fertig!" Es tut gut, es einmal auszusprechen.

Okay … wahrscheinlich habe ich es schon öfter erwähnt, aber heute brennt es mir besonders auf der Seele. Wahrscheinlich, weil Prinzessin

Sommerlich nicht mit mir spricht und wahrscheinlich auch bald wieder heult.

"Ohhhh", macht Curley in dem gleichen Ton, in dem sie "Awww!" macht, wenn sie ein besonders süßes Tierbaby sieht.

"Curley!", warne ich sie.

Sie tätschelt meinen Bauch und strahlt mich an, als wäre sie eine stolze Löwenmama. "Jetzt geh und schnapp sie dir. Aber nicht so viel knurren und lächle ein bisschen, Tiger."

Ich würde sie gern schütteln, verlege mich aber lieber darauf, Roy anzufunkeln. "Nimm sie mal an die Leine. Dieser übertrieben verliebte Hormoncocktail tut ihr absolut nicht gut!"

Ich sehe es in ihren Augen. In allen vier Köpfen geht nur Blödsinn vor sich. Alle vier brüten irgendeinen Scheiß aus, der auf meine Kosten gehen wird. Deshalb drehe ich mich so schnell wie möglich um und flüchte in Richtung Honey … oder dahin, wo Honey bis vor wenigen Sekunden noch gestanden hat.

Hinter mir ertönt schallendes Gelächter von der ganzen Bande. Ich atme tief durch, will mitten in der Bar weder ausrasten noch mich zum Affen machen.

"Auf elf Uhr", ruft Elyas dann hilfreich.

Ganz entspannt, als hätte ich niemals etwas

anderes vorgehabt, wende ich mich in die Richtung und entdecke sie. Das Lachen hinter mir wird nur noch lauter, was sogar Honeys Aufmerksamkeit auf mich lenkt.

Kurz sieht sie überrascht aus, dann runzelt sie die Stirn und wendet sich wieder dem Idioten vor ihr zu. Es ist der gleiche 100-Kilo-Muskelmasse-Mann, der gerade eben schon ihren Arsch abgecheckt hat.

Sie lacht dieses ganz spezielle Prinzessinnenlachen, bei dem sich warum auch immer nur die Brüste so wirklich zu bewegen scheinen. Irgendwie macht mich das ziemlich sauer.

Mit großen Schritten überbrücke ich die letzten Meter und dränge mich dann einfach zwischen Honey und den Typen an die Bar.

Ihm wende ich meinen Rücken zu und stütze mich mit dem Unterarm auf den Tresen.

"Hey, Honey", sage ich lächelnd, als würde ich nicht den ekelhaft heißen Atem des wütenden Stiers im Nacken spüren.

Es ist mir auch egal. Ich kann vielleicht nur einen 90 Kilo trainierten Körper aufweisen, dafür gehe ich regelmäßig zum Thaiboxen und kann diesen Typen bestimmt auf die Bretter schicken.

"Riaz."

Sie klingt äußerst gelangweilt, fast schon desinteressiert, was mich in den Wahnsinn treibt.

Mein Lächeln fällt in sich zusammen. Okay, sie will also nicht anstandshalber höflich sein. Gut, das ist eigentlich auch nicht meine Art. Ich bin eher der Typ geradeheraus und meistens zu schroff.

"Du hast auf meine Nachrichten nicht geantwortet", sage ich und höre, wie anklagend es klingt. Es ist mir ein bisschen peinlich. Es sollte mehr … na ja, eben nach Macho-Mann und weniger nach eingeschnapptem Schlappschwanz klingen.

"Ja, kein Interesse", antwortet sie auf eine so arrogante Art, wie ich sie noch nie bei ihr gesehen habe.

Honey ist eigentlich immer lieb und süß. Bissig und arrogant passt so gar nicht zu ihr.

"Was soll das?", knurre ich und baue mich ein bisschen größer vor ihr auf.

"Hast du nicht gehört, sie hat kein Interesse!", blubbert der Stier hinter mir, aber ich ignoriere ihn. Es geht einzig und allein darum, was gerade in Honeys süßem Köpfchen vor sich geht.

"Lass mich in Ruhe, Riaz, du nervst." Sie verdreht die Augen, als wäre ich der kleine nervige Bruder eines heißen Typen. Ich würde sie gern schütteln ... oder wahlweise über meine Schulter werfen, sie nach draußen tragen und sie dazu zwingen, mir zu sagen, was verdammt noch mal ihr Problem ist!

"Ich nerve? Am Samstag hast du noch nicht sonderlich genervt gewirkt!"

"Heute ist nicht Samstag", brummt der Typ hinter mir und packt mich grob an der Schulter. Reflexartig fahre ich herum und stoße ihn hart vor die Brust.

"Was ist dein Problem? Niemand will mit dir sprechen, merkst du das nicht?", knurre ich und stoße ihn gleich noch mal zurück.

"Sie will nicht mit dir sprechen!" Sein zugegebenermaßen mächtiger Arm holt aus und ich hebe ebenfalls die Fäuste. Ich könnte dem Schlag locker ausweichen, so langsam sind seine aufgepumpten Steroidarme, aber im selben Moment packt Damien seinen Arm.

"Lass es, Kumpel", höre ich Roys leise Stimme, der auf einmal neben mir zu sein scheint. Die Zeit läuft jetzt irgendwie langsamer. Unheimlich, als wäre ich auf einer Art Trip, aber es muss das Adrenalin sein, das durch meinen Körper jagt.

Zwei Gedanken schießen mir beinahe gleichzeitig durch den Kopf. Wo ist Curley, wenn die beiden hier sind? Und wo ist Honey, ist sie aus der Schusslinie?

Ein Blick zum Tisch zeigt mir Curley, die neben Elyas sitzt und sehr besorgt dreinsieht. Dann drehe ich den Kopf weiter und sehe in Honeys erschrockene, weit aufgerissene Augen.

Ich lasse die Arme sinken, weil ich ihr keine Angst einjagen möchte. Nur den Bruchteil einer Sekunde später bemerke ich, wie ihre Augen noch viel größer werden und ihr Mund sich zu einem Oh verzieht. Dann trifft mich ein heftiger Schlag auf meine Nase und mein Kopf wird zur Seite geschleudert.

Erst spüre ich nur einen heftigen Druck, doch der Schmerz, der gleich darauf durch meinen Schädel schießt, ist wirklich nicht zu verachten.

Ein wenig benommen taumle ich gegen den Tresen, bekomme den Tumult, der auf einmal um mich rum herrscht, nur verschwommen mit.

Auf einmal ist da Curley. Sie sieht besorgt aus und hat Tränen in den Augen.

"Mann, Curley! Nicht heulen!", jammere ich und höre selbst, dass meine Stimme irgendwie schleppend und nasal klingt.

Sie brabbelt irgendwas Unverständliches, also ziehe ich sie erst mal an meine Brust und halte sie fest. Das hat noch immer funktioniert.

Irgendwann hat sie dann aufgehört zu weinen und alles war wieder in Ordnung.

Als Nächstes fällt mein Blick auf Honey, die nicht weniger verstört aussieht als Curley. Ich strecke meine zweiten Arm nach ihr aus, aber sie schüttelt den Kopf und schluckt schwer, dann sagt sie irgendwas zu dem Barkeeper, was ich nur als Rauschen wahrnehme.

Erst da fällt mir auf, dass ich all die Stimmen in der Bar gar nicht richtig höre. Alles rauscht irgendwie.

Plötzlich ist Honey vor mir und tupft mir mit einem kalten Tuch im Gesicht rum.

"Was machst du denn da?", beschwere ich mich und fange ihre Hand ab.

"So viel Blut", sagt sie, und ich sehe, wie ihre Hände zittern. Und das Tuch, das wirklich voller Blut ist.

Verdammt!

"Alles in Ordnung, Kumpel?", fragt Elyas, der wie aus dem Nichts vor mir auftaucht.

Langsam wird meine Umgebung wieder klarer. Elyas sieht ein wenig mitgenommen aus. Sein Hemd ist aufgerissen und seine normalerweise akkurat zur Seite gegelten Haare stehen ziemlich wirr ab. Und dann ist da Roy, der mir Curley sanft aus dem Arm zieht.

Das ist ganz gut, weil Honey wieder angefangen hat, mir im Gesicht rumzutupfen. Irgendwie tut es weh und sie soll aufhören. Vor allem aber soll sie aufhören zu heulen!

Ich nehme ihr das Tuch ab und werfe es neben mir auf die Bar, dann ziehe ich sie kurzerhand an meine Brust. Erst wehrt sie sich, wie Curley es auch erst tut, wenn sie eigentlich sauer sein will, aber dann gibt sie nach.

Am Beben ihres Körpers spüre ich, dass sie weint. Ich hasse es, aber zumindest lässt sie sich jetzt von mir in den Arm nehmen. Vielleicht kann ich sogar herausfinden, was genau ich denn falsch gemacht habe.

"Wir müssen gehen, Riaz."

Ein bisschen verwirrt sehe ich zu Damien, der mich besorgt anschaut.

"Was?"

"Curt sagt, wir sollen uns mindestens eine Woche nicht mehr blicken lassen. Er ist echt sauer, also los jetzt!"

Dass der Besitzer unserer Stammkneipe uns loswerden will, verwirrt mich nur noch mehr. Da Damien mich aber vorwärtsschiebt, scheint es echt sein Ernst zu sein. Laufen ist gar nicht so leicht. Ich strauchle ein wenig und merke da erst, dass mir eigentlich schwindlig ist.

Damien legt sich einen meiner Arme um seine Schulter und zieht mich vorwärts. Mein anderer liegt noch immer um Honey, die schniefend neben mir her tippelt. Da erst wird mir bewusst, dass sie wieder diese Sommerstiefelchen anhat.

Ich ziehe sie fester an meine Seite, damit sie nicht ausrutscht und sich verletzt.

Als ich die kalte Winterluft einatme, klärt sich mein Kopf langsam. Ich lasse Damien los und nehme von Elyas meine Jacke entgegen.

Er reicht auch Honey eine, aber ihre ist ein Witz und nichts, was wirklich warm hält, also lege ich ihr meine um die Schultern, nachdem sie ihre angezogen hat.

Sie sieht mich aus diesen riesigen, verweinten Barbieaugen an, als hätte ich irgendetwas falsch gemacht.

"Er hat mich geschlagen", sage ich fast schon reflexartig zu meiner Verteidigung.

Zumindest bei Curley zieht es immer, wenn man sich selbst als Unschuldslamm präsentieren kann.

Sie blinzelt. Vielleicht ist sie verblüfft, ich bin mir nicht sicher, aber ich glaube, das hat ihren Tränenfluss gestoppt.

Das Großraumtaxi hält, und ehe sie protestieren kann, schiebe ich sie hinein. Als ich auf der Rückbank sitze, schließe ich stöhnend die Augen.

Mein Kopf dröhnt und ich brauche dringend eine Schmerztablette und ein bisschen Schlaf.

"Sollen wir nicht lieber ins Krankenhaus fahren?", fragt Honey und klingt sehr besorgt.

Ich ziehe sie an mich und drücke meine Lippen auf ihre Stirn. "Alles gut, Babe", murmle ich.

"Siehst du, er ist verwirrt!", sagt sie dann und klingt wirklich hysterisch.

Ich höre Damiens Seufzen und spüre, wie er sich neben mir bewegt.

"Augen auf, Dicker."

Ich boxe ihn mit dem Ellenbogen. "Ich habe schon vier Kilo abgenommen!", brumme ich. Ich schwöre, es ist das letzte Mal, dass ich eine Massephase einlege, wenn alle mich immer nur damit aufziehen. Ich meine, hallo?! Ich habe sogar mein Sixpack ansatzweise zurück!

Als er lacht, öffne ich zornig meine Augen.

"Na endlich!", sagt er plötzlich und ein helles Licht blendet mich.

"Bist du verrückt geworden?!", maule ich und vergrabe meinen dröhnenden Schädel in Honeys weichem Haar.

Es riecht lecker. Süß, nach Himbeeren und

Vanille. "Wie die Einhornschokolade", murmle ich grinsend.

"Ich sag doch, irgendwas stimmt nicht mit ihm", quiekt Honey.

Mein Gott, sie ist so verdammt süß. "Sie ist eine Curley", sage ich bestimmt, denn Honey ist irgendwie etwas Besonderes.

"Vielleicht ... also ... hat er wirklich eine Gehirnerschütterung", sagt Elyas, der auf dem Beifahrersitz sitzt.

"Er ist betrunken und ein bisschen verwirrt, das ist alles", murmelt Damien und leuchtet mir wieder in die Augen.

"Wo zum Teufel hast du diese Lampe her?", beschwere ich mich.

Das Licht schmerzt unangenehm in meinem Kopf. Es hat eben nicht nur Vorteile, wenn man einen Arzt als Freund hat.

"Sie hängt an meinem Schlüsselbund." Dann lässt er von mir ab. "Es ist alles in Ordnung. Jetzt macht euch nicht so viele Sorgen, Kopfwunden bluten immer übermäßig."

Seufzend lasse ich meinen Kopf wieder auf Honeys Scheitel sinken. Sie riecht verdammt gut, falls ich das noch nicht erwähnt habe.

"Sollten wir nicht lieber June anrufen?", fragt Honey besorgt.

"Um Gottes willen, nein!" Ich bin ernsthaft schockiert über diesen Vorschlag. June würde ausrasten, wenn sie auch nur einen Tropfen Blut sehen würde.

Honey will sich von mir losmachen, aber ich halte sie fest. Es fühlt sich einfach gut an, sie in den Armen zu halten.

Während sie noch gegen meinen Griff ankämpft, spüre ich, wie das Taxi hält. Ich öffne meine Augen vorsorglich nur einen kleinen Spalt, weil das Licht der Innenbeleuchtung zu hundert Prozent in meinem Kopf schmerzt.

Als ich Honey an ihrem Handgelenk mit mir aus dem Wagen ziehen will, hält sie dagegen. "Ich sollte nach Hause fahren", sagt sie.

"Warum?" Es macht überhaupt keine Sinn, dass sie nicht einfach dableibt.

Also für mich zumindest nicht. Die anderen schauen schon ein bisschen seltsam drein.

Sie richtet sich auf und nimmt eine irgendwie komische Abwehrhaltung ein.

"Ich finde, du solltest June anrufen. Sie sollte dir hierbei beistehen." Sie nickt energisch, als müsste sie ihre Antwort unterstreichen.

Ich habe Kopfschmerzen, ich will mich hinlegen und vor allem will ich nicht über meine hypersensible Schwester diskutieren. Mit einem zugegebenermaßen groben Ruck reiße ich Honey aus dem Wagen.

"Riaz!", beschwert sich Curley.

Sie weicht aber sofort zurück, als ich mich ihr schnaubend zuwende. Okay, vielleicht auch nur, weil mein Schnauben eine ziemlich lustige Blutfontäne aus meiner Nase nach sich zieht, aber zumindest gibt sie nach, und Roy bricht in Gelächter aus.

"Mach das noch mal!", fordert Elyas ebenfalls lachend.

Ich drehe mich zu ihm und schnaube erneut. Alle springen kreischend zurück, um dem Blut auszuweichen. Sogar Honey lacht, als wir zusammen den Flur betreten. Vor der Wohnungstür stockt sie allerdings wieder.

"Ich sollte nicht hier sein …", stammelt sie.

"Warum?" Damit meine ich eigentlich nicht nur ihre Aussage, sondern ihr ganzes Verhalten.

"June …", murmelt sie und sieht unsicher über meine Schulter in die Wohnung.

Ich seufze. "June kommt nie hierher", versichere ich ihr.

Ich würde es auch komisch finden, meiner Schwester meine Freundin vorzustellen … aber meine Schwester kommt nicht hierher und Honey ist irgendwie auch nicht wirklich meine Freundin

… oder doch … oder so halt, zumindest aber anders als normal.

Das Chaos in meinem Kopf macht mich verrückt. So richtig. Stöhnend schließe ich meine Augen, als mein Kopf wieder zu dröhnen beginnt.

"Es macht keinen Unterschied, ob sie das hier mitbekommen kann oder nicht!", schreit Honey und setzt damit ein ziemlich unangenehmes Pulsieren in meinem Kopf frei.

Ich lege meine Hände an die Schläfen und massiere sie mit den Handballen.

"Ich verstehe dein Problem nicht", murmele ich und bin heilfroh, als Curley neben mir auftaucht. Zum einen kann ich mich unauffällig an sie lehnen, zum anderen kann sie vielleicht als Übersetzerin dienen.

"Kommt ihr? Wir haben alles im Wohnzimmer vorbereitet", sagt sie ganz leise, als wüsste sie genau, was in meinem Kopf vor sich geht.

"Ich liebe dich, Babe", sage ich dankbar genauso leise.

Honeys Schnauben irritiert mich, aber ich muss wirklich für einen Moment die Augen schließen, weil das Pochen langsam unerträglich wird.

"Was ist dein Problem?", zischt Curley ganz leise, aber auf diese eine Löwenmama-Tour, die mir sagt, dass Honey gleich ein Problem mit ihr bekommt.

"Gar kein Problem, Babe", sage ich und schiebe Curley vor mir her über die Türschwelle, während ich Honeys Handgelenk umklammert halte und sie ebenfalls mitziehe.

"Mein Problem ist, dass ich nicht eine von vielen sein will, die voneinander nichts wissen!", faucht Honey, und ehrlich gesagt verstehe ich nur Bahnhof.

Irgendwie ist es niedlich, Honey so außer sich zu sehen. Passt so gar nicht zu der Prinzessin.

"Welche viele?", fragt Curley verwirrt, aber immerhin, ohne stehen zu bleiben.

"Ich weiß nicht, *Babe.*" Das Wort klingt bei Honey wie ein Schimpfwort. "Vielleicht fängt es ja mit dir an."

Abrupt bleibe ich stehen und drehe mich zu ihr. Sie stolpert in mich hinein, und ich bekomme sie wieder einmal gerade so an den Armen zu fassen, bevor sie auf ihren Hintern fliegt.

Ernst schaue ich sie an. "Okay, du hast ein Problem mit mir."

Sie zieht eine Augenbraue nach oben. "Sehr schnell kapiert, Mister."

Ich will die Augen verdrehen, zucke aber sofort schmerzerfüllt zusammen, als das Pochen in meinem Schädel noch schlimmer wird. Ich schließe die Augen, um den Schwindel zu vertreiben, und sage leise: "Dann lass es auch an mir aus. Curley ist meine beste Freundin, und niemand – nicht einmal du – wird sie deshalb blöd anmachen, klar?"

"Du solltest dich hinsetzen." Curleys sanfte Stimme lässt mich meine Lider aufschlagen.

Ein paar braune und ein paar blaue Augen sehen mich sehr besorgt an.

Ich würde mich wirklich gern hinsetzen, aber dieses Thema muss vorher vom Tisch sein.

"Curley ist tabu, Honey."

Honey nickt, sieht aber nicht so aus, als hätte sie mir wirklich zugehört.

"Jetzt beruhigt euch alle mal. Komm her, Riaz, wir müssen das kleben, damit keine Narbe bleibt", sagt Damien. Ein Blick zu ihm zeigt mir, dass er seinen Doc-Koffer ausgepackt hat. Vielleicht hat der Typ mich doch heftiger getroffen als gedacht.

"Ich hätte eine gute Geschichte zu erzählen. Immerhin habe ich die Prinzessin in Nöten vor dem riesigen Schlächter gerettet", sage ich, lasse mich aber zum Sofa führen.

Links und rechts eine tolle Frau, daran könnte ich mich durchaus gewöhnen.

Honey schnaubt. Schon wieder. Mann, Mann, Mann, bei der habe ich es aus unerfindlichen Gründen ziemlich verschissen.

"Karl ist quasi ein Kollege", sagt sie und hilft mir, mich hinzusetzen.

Vielleicht stelle ich mich ein bisschen dümmer an, als ich es bin, aber es fühlt sich gut an, wie sie einen Arm um meine Mitte legt und mit mir auf dem Sofa Platz nimmt.

"Auch ein Leichenfledderer?", fragt Elyas nicht sehr eloquent. Unsere Insider muss er ja nicht gerade ausplappern.

"Nein … er entsorgt quasi die Reste", sagt Honey und lacht leise.

"Dieser Humor ist wirklich krank." Roy schüttelt sich und verlässt das Wohnzimmer.

"Dieser Humor ist genial!", widerspricht Curley.

Ich bin ihrer Meinung, also drücke ich Honey an meine Seite.

"Halt still jetzt", brummelt Damien und versorgt die Platzwunde auf meiner Nasenwurzel, während Honey uns aufklärt, dass Karl, der die Gräber schaufelt, eigentlich ein netter Kerl ist.

"Ein netter Kerl mit einer Faust wie ein Presslufthammer", murmele ich.

"Halt still!", motzt Damien.

"Ich glaube, das Problem war eher die Flasche, die er in der Hand gehalten hat", fügt Elyas hilfreich hinzu.

"Findest du es nicht seltsam, dass ein Typ, dessen Job es ist, Leichen verschwinden zu lassen, dir auf den Arsch schaut?", fragt Curley und spricht dabei meine Gedanken aus.

Honey wird ganz steif neben mir und entzieht sich dann meiner Umarmung. Ich kann nicht nach ihr greifen, weil Damien mich sonst umbringt, weil ich sein Steristrip-Kunstwerk zerstöre.

"Immer noch besser als ein Typ, der für jeden Stadtteil ein eigenes Betthäschen hat."

Ich habe irgendwie das ungute Gefühl, dass sie mich damit meinen könnte, auch wenn ich wirklich nicht weiß warum.

"Der Typ muss Nerven wie Stahlseile haben, das muss man ihm lassen", sagt Elyas lachend und reicht jedem eine Flasche Corona.

Wieder schnaubt sie. Ich muss mit ihr darüber sprechen. Wenn sie das tut, fühle ich mich immer so schuldig, obwohl ich wirklich nichts Falsches getan habe.

"Hätte er lieber einen Schädel aus Stahl, würde er jetzt nicht bluten wie ein geschlachtetes Schwein."

"Seit wann hast du in jedem Stadtteil eine

Frau?", fragt Damien belustigt und lässt dann endlich von meinem Kopf ab.

"Habe ich nicht. Die vielen Unterhaltungen mit den Toten müssen ihr zu Kopf gestiegen sein", gebe ich ruhig zurück und gönne mir erst mal einen Schluck von dem kalten Bier.

Roy wirft mir Aspirin zu. Bester Mann.

Sie schnaubt – mir reichts. "Hör auf zu schnauben, Süße, ich bin unschuldig", murmele ich und schließe die Augen.

"Ach so, jetzt ist also Schnauben auch noch verboten."

Ich wende ihr meinen Blick zu, weil sie wirklich sauer klingt. "Sag mir doch einfach, was zum Teufel ich getan habe!"

Eigentlich nicht gerade ein Thema, das ich vor allen anderen besprechen will, aber dieser neugierige Haufen würde sich so ein Drama niemals entgehen lassen.

"Du meinst, außer dass du, kaum dass wir miteinander fertig waren ..." Sie wird rot, was mich selbstzufrieden lächeln lässt. Leider spricht sie gleich darauf weiter: "In *Junes* Bett hüpfst?"

Bei dem Gedanken schüttelt es mich und der Rest der Bande bricht in Gelächter aus.

"In Junes Bett?", fragt Curley und schüttelt den Kopf.

"Du hast es ihm doch selber noch gesagt." Honey klingt aber schon nicht mehr ganz so selbstsicher.

"June ist meine Schwester", antworte ich und schüttle mich noch mal. Mein Gott, was für ein gruseliger Gedanke.

"Oh!" Ihre Wangen werden ganz rot, und es ist ihr sichtlich unangenehm, doch dann scheint die Wut wieder die Oberhand zu gewinnen. "Dann eben Clara!"

Verwirrt runzle ich die Stirn. "Wer?"

"Du kennst noch nicht mal ihren Namen?" Honey verschränkt die Arme unter der Brust. Sie werden dadurch so herausfordernd nach oben gedrückt und bekommen quasi blinkende Hinweisschilder, die mich akut in meiner Konzentration stören.

Frauen machen das immer. Ich meine, sie könnten die Arme ja auch vor der Brust verschränken, das funktioniert ganz wunderbar.

"Riaz!", faucht sie anklagend.

"Sorry, mein Schädel brummt", murmele ich ausweichend und freue mich gleich darauf, dass ihr Gesichtsausdruck wieder weicher wird.

"Heißt Miss Day nicht Clara mit Vornamen?", fragt Elyas, und ich bin ihm wirklich dankbar für sein schwammartiges Gehirn, das alle

Informationen aufsaugt und für immer behält.

"Meinst du so eine große Blonde, die immer montags ins Büro kommt?", frage ich.

Honey nickt und zieht dabei eine Augenbraue nach oben.

"Sie macht meinen Papierkram", antworte ich und grinse breit.

"Plus die üblichen Assistenzleistungen, wenn man dem Flurfunk glaubt", sagt Honey bissig.

Ich merke, wie die anderen unsere Auseinandersetzung beobachten, aber ich will das jetzt endlich hinter mir haben.

"Der Flurfunk lügt. Und im Übrigen habe ich aus genau diesem Grund kein Interesse an einer Beziehung. So viel Sex, wie mir angedichtet wird, kann gar kein Mensch haben. Und Menschen, die meine Freunde nicht akzeptieren können ..." Ich zucke mit den Schultern. Ich rede wirres Zeug und will eigentlich nur schlafen. Die Kombi aus recht viel Alkohol und Schmerztabletten zieht mir gerade die Schuhe aus.

Seufzend schließe ich die Augen. "Ich verspreche, wir können morgen über alles reden. Aber jetzt platzt mein Kopf gleich."

"Sorry", murmelt Honey, und ich höre, dass es ihr wirklich leidtut.

"Bleibst du?", frage ich und streichle den Streifen Haut, der zwischen dem Röckchen und ihrem Shirt hervorblitzt.

Sie sieht mich unsicher an, also versuche ich die angespannte Stimmung ein wenig aufzulockern. "Ich könnte jemanden brauchen, der keine Scheu vor Leichen hat, wenn ich heute Nacht sterben sollte."

Sie lächelt vorsichtig und nickt dann zögerlich.

"Wir sollten alle hier pennen, dann kann immer mal wieder jemand Riaz wecken, falls er doch eine Gehirnerschütterung hat", sagt Curley und zieht schon den Couchtisch nach vorn, damit die Jungs den mittleren Teil der u-förmigen Couch ausziehen können. Dadurch entsteht eine riesige Liegefläche, die wir eigentlich nie nutzen.

Ich hoffe jetzt einfach mal, dass Honey das versteht und nicht gleich wieder einen Rückzieher macht bei dem Gedanken, dass alle hier schlafen werden. Ich hätte nicht einmal mehr die Kraft, in mein Bett zu gehen.

Ich lege mich so auf eines der länglichen Randteile, dass Honey zwischen der Wand und mir Platz hat.

"Babe, bringst du Honey einen Hoody von mir mit?", frage ich, als Curley sich umziehen geht.

Sie nickt und kommt gleich darauf mit einem

Trainingsanzug zurück. Honey lächelt unsicher und geht dann ins Badezimmer.

Ich bleibe einfach mit geschlossenen Augen liegen, während die anderen alles herrichten.

Roy und Elyas kommen mit den Decken und Kissen, während Damien The 8 Mile am Fernseher vorbereitet.

Ich merke, wie jemand, wahrscheinlich Curley, mir die Schuhe auszieht und eine Decke über mich wirft. Ich mache die Augen aber erst wieder auf, als ich spüre, wie das Sofa neben mir leicht nachgibt.

Honey sieht ein bisschen verwirrt aus, wie sie da in meinem viel zu großen Trainingsanzug im Schneidersitz auf dem Sofa sitzt.

Sie beobachtet das Treiben wie manch anderer einen Dokumentarfilm. Innerlich bete ich, dass sie sich einfach damit abfinden kann. Irgendwie mag ich sie. Sehr sogar, wenn ich ehrlich bin. Aber ich will mich bei Gott nicht zwischen ihr und meinen Freunden entscheiden müssen.

Der Gedanke macht mich stutzig. Warum gibt es überhaupt eine Entscheidung?

Sie sind meine Freunde, sie stehen immer an erster Stelle. Für den Rest der Welt heißt das: Friss oder stirb.

Ich schüttle den Gedanken ab. Honey zieht ihr

winziges Näschen kraus, und ich befürchte, dass ich weiß warum. Langsam drehe ich den Kopf und ja, da liegt Curley zwischen Roy und Damien.

Vielleicht war es doch nicht die richtige Entscheidung, Honey hierzu einzuladen. Andere verstehen einfach nicht, dass wir füreinander mehr sind als Liebe.

"Du kannst doch kein Cola in Corona schütten!", sagt Honey dann auf einmal.

Ich kontrolliere noch mal, was genau sie da so angewidert anschaut, und stelle erleichtert fest, dass es gar nicht um Curley geht.

Sie sieht Elyas an, der wieder mal sein Bier mit Coke punsht, weil er der Meinung ist, dass er dann am nächsten Tag keinen Kater bekommt.

Ich zupfe an Honeys Arm, bis sie sich zu mir legt. Erst ist sie noch steif in meinem Arm, doch dann schmiegt sie sich an meine Brust.

Elyas schaltet das Licht aus und startet den Film, ehe er sich zwischen mich und Damien legt. Ich lausche ihren Stimmen und der Diskussion darüber, dass Roy aufhören muss, Curley zu küssen, sie könnten die Stimmen kaum noch hören.

Honey kichert an meiner Brust, als Damien sagt, Roy solle sich ein Beispiel an Honey und mir nehmen. Wir würden schließlich auch einfach nur daliegen und den Film anschauen.

Es stimmt nur zur Hälfte. Ich liege einfach nur da und genieße Honeys Nähe und das Wissen, dass all meine Freunde da sind und alles wie immer ist.

Ich glaube, Honey passt perfekt in unsere Truppe. Und ich finde es gut, dass ich sie im Arm halten kann und ganz für mich habe. Um Curley müsste ich mich jetzt wieder streiten.

Ich mag sogar die Art, wie sie sich mit Elyas zofft und über fast schon jedes Filmdetail mit ihm diskutiert. Sie ist nicht versnobt oder findet unsere Freundschaft seltsam, im Gegenteil, sie beteiligt sich sogar daran.

Lächelnd entspanne ich mich immer mehr, wodurch auch mein Kopfschmerz besser wird.

Als die Diskussionen ruhiger werden und ich Roys gleichmäßiges Schnarchen höre, küsse ich Honey auf die Stirn.

"Schlaf gut, Süße", murmle ich und bin mir gleichzeitig sehr sicher, dass ich ganz hervorragend schlafen werde.

"Schlaf gut."

Ihr Körper an meinem, ihre Wange und ihre Hand auf meiner Brust, mit diesem guten Gefühl schlafe ich langsam ein.

12. Anders

Die darauffolgenden zwei Wochen sind irgendwie komisch. Honey ist anders zu mir. Vorsichtiger, ich kann es leider wirklich schlecht beschreiben.

Sie antwortet auf meine Nachrichten, manchmal bekomme ich auch eine pinke Blume, aber sie ist zurückhaltender.

Zweimal hat sie in der Zeit den Abend mit mir und meinen Freunden verbracht, aber auch das war nicht mehr so entspannt wie in dieser einen Nacht, in der ihr Kollege meine Leiche verschwinden lassen wollte.

Dreimal konnte ich sie dazu überreden, Sex mit mir zu haben.

Schwerer und leichter zugleich hat es mir wirklich noch keine Frau gemacht.

Es ist verdammt schwer, sie in eine passende Situation zu bekommen, wie ein Date zum Beispiel.

Wenn ich sie aber erst mal so weit habe, ist der Rest fast schon ein Kinderspiel, weil Honey genauso scharf auf mich ist wie ich auf sie.

Alles in allem eine ziemlich frustrierende Situation, weil ich meine Finger einfach nicht von ihr lassen kann. Noch schlimmer, meine Gedanken drehen sich fast nonstop um sie.

Die Fahrstuhltüren im Bürogebäude gehen auf und wie von Gott bestellt steht Honey in einem dieser winzigen Röckchen darin.

Ich schwöre, ich habe mein Leben lang noch keine so heiße Frau gesehen.

"Hallo, Schönheit", sage ich grinsend und trete dicht vor sie.

Sie lächelt zu mir auf. Ich liebe diese vollen, weichen Lippen und kann nicht anders, als sie zu küssen. Honey erwidert meinen Kuss und meine Hände wandern fast schon von allein unter ihren Rock und umfassen ihren perfekten Arsch.

"Hey, Macho-Mann", gibt sie zurück und streichelt auf diese ganz besondere Art meinen Nacken.

Wäre ich ein Kater, würde ich schnurren, hundert Prozent!

"Darf ich dich zum Essen einladen?", frage ich und knete ein bisschen ihren Arsch. Ich würde ihn jetzt wirklich gern vor mir sehen, während ich langsam und genüsslich …

"Schon wieder?"

Verwirrt schaue ich in ihre Augen. Was schon wieder? Ach ja, essen.

"Ich dachte, ich koche was für dich", antworte ich und lasse widerwillig ihren Hintern los, da der Fahrstuhl mit einem Pling anzeigt, dass wir im Erdgeschoss sind.

"Klingt gut", antwortet sie und schwingt ihren süßen Arsch vor mir aus dem Aufzug.

"Vegetarisch, vegan, irgendwas?", frage ich, leider ein wenig abgelenkt.

"Wir waren schon zusammen Steak essen", erinnert sie mich und ich grinse. Stimmt, sogar erst vor einer Woche. Da hat sie mir ziemlich wirres Zeug über die Konsistenz von Lebensmitteln und deren Bedeutung auf ihrem Speiseplan erzählt … wenn ich mich nur daran erinnern könnte.

Zu meiner Verteidigung, Honey ist verdammt heiß! Da fällt es mir nun mal manchmal schwer, beim Thema zu bleiben.

Vor der Tür angekommen, fängt sie auf ihren Sommerstiefeln wieder zu rutschen an. "Wir kaufen dir noch diese Woche vernünftige Winterbekleidung", grummle ich und schlinge einen Arm um ihre Mitte.

"So lang kann dieser Winter doch nicht mehr dauern", hält sie dagegen, lässt sich aber von mir über den Parkplatz führen, um einen Sturz zu vermeiden.

"Kleines, du hast keine Ahnung von Winter. Der kann durchaus auch bis in den April gehen!"

Als ihr Smart in mein Blickfeld gerät, bleibe ich wie angewurzelt stehen. Die komplette Fahrerseite des Bobbycars ist kaputt.

"Was zum Teufel ist passiert?", frage ich, ohne darauf einzugehen, dass sie versucht, sich aus meinem Griff zu befreien.

"Ich bin in eine Wand gerutscht", murmelt sie.

Mein Herz macht komische Dinge, es schlägt viel zu schnell, als wäre ich einen Marathon gelaufen.

"Warum?", frage ich ungeduldig und ziehe sie weiter zum Wagen, um den Schaden zu betrachten.

Sie schnaubt, wieder einmal. Ich muss ihr dringend beibringen, dass das Schnauben fast so nervtötend ist wie Heulen.

"Weil es Winter ist und die Straßen glatt sind?"

"Das ist kein Grund, zu rutschen", antworte ich und schaue mir die Seite genauer an, ohne sie loszulassen. Es sieht ziemlich übel aus. Die Plastikverkleidung ist komplett gebrochen und der gesamte Rahmen verkratzt. Sie muss wirklich mit sehr viel Schwung an der Mauer entlang gerutscht sein.

Der Gedanke macht mich verdammt wütend. Wie kann sie nur so unvorsichtig sein?

"Wenn man zu spät bremst und es glatt ist, rutscht man aber nun mal", sagt sie, als hätte ich nicht alle Tassen im Schrank.

Ich richte mich auf und packe sie an den Schultern. Dass ich sie nicht schüttle, ist eine Meisterleistung in Sachen Selbstbeherrschung, denn ich bin unglaublich wütend.

"Warum zum Teufel fährst du nicht vorsichtig und bremst rechtzeitig!", maule ich und starre sie finster an. Sie soll wissen, wie wenig ich davon halte, dass sie so leichtsinnig ihr Leben aufs Spiel setzt.

Sie rollt mit den Augen, verkneift sich aber immerhin das Schnauben. "Weil ich keine Ahnung habe, wann ich bremsen muss." Wieder hat sie diesen Ton drauf, der ganz deutlich sagt, dass sie mich für unterbelichtet hält.

"Warum zum Teufel!?" Okay, ich gebe zu,

etwas zu scharf. Aber wie kann sie denn so verdammt locker damit umgehen, dass sie beinahe gestorben wäre? Ich meine, der Zustand des Bobbycars, dessen Knautschzone gleich null ist, zeigt doch ganz deutlich, wie viel Glück sie gehabt hat.

Vielleicht liegt das am dauernden Umgang mit den Leichen. Sie versteht gar nicht mehr, dass es nicht cool ist, eine Leiche zu sein. Oder so was in der Art, wie auch immer. Ich will ganz bestimmt keine tote Honey!

"Weil ich keine Ahnung habe, wie man im Winter fährt. Mein Gott, Riaz. Ich komme aus Arizona, schon vergessen? Wüste und so. Ich muss das erst lernen!"

Mein Herz rast noch immer und ihre so locker dahingeworfene Antwort macht es nicht besser, ganz egal, wie viel Sinn dahintersteckt.

"Das heißt noch lange nicht, dass du alles nach dem Try-and-Error-System testen musst. Du kannst auch einfach mal ein bisschen vorsichtig sein und auf dich aufpassen!"

Da stellt sie sich einfach auf die Zehenspitzen und küsst mich. Ich küsse sie auch, weil es sich einfach zu verdammt gut anfühlt, was aber noch lange nicht heißt, dass ich das hier vergesse.

Sie legt ihre Arme in meinen Nacken und

krault den Haaransatz auf diese ganz besondere Art und Weise. Mir bleibt also nichts anderes übrig, als meine Arme um ihre Mitte zu schlingen und sie ganz nah an mich zu ziehen.

Im Vergleich zu mir ist sie so winzig, so zerbrechlich, was mich nur wieder daran erinnert, dass sie gerade fast gestorben wäre.

Ich entziehe ihr meine Lippen und sehe in ihre nur halb geöffneten blauen Augen.

"Du kannst einfach nicht auf dich aufpassen, oder?", frage ich, als sie mich so unschuldig ansieht. Diese Frau kostet mich den letzten Nerv. Sie ist noch schlimmer als Curley und June.

Völlig unbeschwert lächelt sie mich an. "Ich versuche es doch."

Dass sie mit dieser Aussage alles nur noch schlimmer macht, weiß sie nicht. Sie ahnt gar nicht, was sie für ein Chaos in mir anrichtet.

Ich lege eine Hand auf ihren Hinterkopf und drücke ihren Kopf an meine Brust. Dann lehne ich mein Kinn auf ihren Scheitel. Ich brauche einen Moment, um meine Gefühle in den Griff zu bekommen. Ich will nicht, dass sie das Durcheinander in meinen Augen sehen kann.

"Babe?", frage ich nach einigen Minuten.

"Hm?" Sie klingt nicht unzufrieden in der ihr aufgezwungenen Position.

"Ich will dir beibringen, wie man im Winter Auto fährt, okay?"

Sie nickt und schiebt dann ihre eiskalten Hände unter meinen Pullover und auf meinen Rücken. Das erinnert mich wieder daran, dass sie immer viel zu wenig anhat.

Ich ziehe meine Jacke aus und hänge sie ihr um die Schulter. Sie sieht winzig darin aus, wie ein kleines Mädchen, wenn sie nicht so verdammt heiß wäre.

"Wohin wolltest du überhaupt?", frage ich und schlinge meine Arme um sie, damit sie es noch ein klein wenig wärmer hat.

Sie zuckt die Schultern. "Ein bisschen rumfahren."

Zähneknirschend schließe ich die Augen. "Du kannst doch sowieso nicht Auto fahren bei der Witterung", gebe ich bemüht ruhig zurück.

Sie seufzt. Ich bin mir nicht sicher, ob ich das unwesentlich besser finden soll als ihr Schnauben. "Wie soll ich es denn lernen, wenn ich nicht übe?"

Sie hat recht, auch wenn ich das nur ungern zugebe.

"Okay. Dann bekommst du jetzt deine erste Fahrstunde von mir."

Den Kopf in den Nacken gelegt strahlt sie

mich an. "Darf ich die dann in Naturalien abbezahlen?"

Grinsend küsse ich sie. "Ich bitte darum." Ich kann mir bei Gott nichts Besseres vorstellen.

Honey schließt den Wagen auf und ich gehe auf die Beifahrerseite. Der Innenraum des Bobbycars ist sogar größer als gedacht, dafür stinkt es barbarisch nach einem dieser ekelhaften Lufterfrischer. Ich glaube, es ist New Car oder wie dieses Zeug heißt, das so penetrant künstlich stinkt.

"Wo fahren wir denn hin?", fragt sie und lenkt den Wagen mit viel zu viel Gas aus der Parklücke. Vielleicht werde ich sterben bei dieser Fahrt. Der Vorteil, wenn ich in diesem Todesmobil sitze, ist aber eindeutig, dass sie mir keine Hosen versauen kann.

Dieses Vergehen werde ich ihr das nächste Mal auf die Nase binden, wenn sie sauer auf mich ist. Solche Trümpfe in der Hand zu haben ist im Umgang mit Frauen immer gut. Nur zwei der drei versauten Hosen konnte die Reinigung retten.

"Zum Einkaufszentrum. Du brauchst dringend ein paar wintergeeignete Klamotten!", sage ich und klammere mich krampfhaft am Haltegriff der Tür fest.

Ich werde sterben, auf die ein oder andere Art

und Weise. Wenn nicht aufgrund eines Unfalls, dann weil mein Herz diese Horrortour nicht mitmacht.

"O Gott. Du bist ein Traummann, weißt du das? Du gehst freiwillig mit mir shoppen?"

Vielleicht war ich ein klein wenig leichtsinnig, als ich diesen Vorschlag gemacht habe. Curley lässt mich zu schnell vergessen, dass es auch exzessive Shopper gibt. Frauen, die problemlos acht Stunden durch die Stadt laufen können, ohne dabei wirklich etwas zu kaufen.

"Du bist ganz blass geworden", sagt Honey mitfühlend.

"Augen auf die Straße! Sonst bremst du womöglich wieder zu spät", knurre ich und versuche mich selbst zu beruhigen.

Ich werde nicht sterben, und ich werde Honey genauso effektiv durch das Einkaufszentrum schieben, wie ich es mit jedem anderen Menschen ebenfalls machen würde.

"Fahr langsamer, Honey", mahne ich sie. Hat diese Frau denn so überhaupt keinen Selbsterhaltungstrieb? Sie fährt einfach nur Kamikaze.

Ein Wunder, dass es so lange gedauert hat, bis sie den Smart zerstört hatte.

Sie tätschelt meinen Oberschenkel. Ich will

gerade sagen, dass sie beide Hände ans Lenkrad nehmen soll, als sie sagt: "Ich bräuchte auch dringend neue Unterwäsche."

Damit bringt sie mich tatsächlich kurzfristig auf andere Gedanken, zumindest so lange, bis sie beinahe einen Lkw rammt, weil sie an der Kreuzung nicht mehr zum Stehen kommt.

Diese Frau ist eine Gefahr für jeden Verkehrsteilnehmer!

13. Wege

Seit Honeys erster Fahrstunde vor fast zwei Wochen schläft sie mindestens jeden zweiten Tag bei mir … und mit mir.

Mit Honey ist es ziemlich perfekt. Honey ist wie Curley, nur dass ich zu einer fast perfekten Freundschaft sogar noch sehr heißen Sex haben kann.

Auch heute Nacht ist sie wieder bei mir geblieben, und ich muss zugeben, es gibt nicht vieles, was besser ist, als mit Honey im Arm aufzuwachen.

Wenn sie aufwacht, ist sie nicht sofort so agil wie Curley. Honey ist in der Früh eher der Typ superschmusiges Kätzchen. Ich merke ganz leicht, wenn sie wach wird, weil sie sich dann so lange unruhig bewegt, bis sie so nah bei mir liegt, dass sie maximalen Körperkontakt zu mir hat und fast schon in mich hineinschlüpft.

Ich mag das überraschend gern.

Ich meine, normalerweise ist es mir eher unangenehm, wenn Frauen kletten, aber bei Honey ist das anders. Sie schlingt sich wie eine Schlingpflanze um mich, braucht dann ungefähr eine Viertelstunde, in der sie ganz langsam wacher wird, und dann ist alles wie immer.

Irgendwie süß, was ich ihr nicht sagen darf. Sonst rümpft sie auf diese noch süßere Art ihr Näschen und schmollt.

Den Aufwachteil haben wir für diesen Sonntag schon hinter uns. Ich war auch bereits duschen, Honey erledigt das jetzt gerade.

Zusammen dürfen wir in der WG nicht mehr ins Bad. Wir haben es bei unserer letzten gemeinsamen Dusche so lange blockiert, dass Elyas nach draußen gegangen ist, um seine Blase zu erleichtern. Blöderweise hatte er dann Ärger mit der Polizei. Aus dieser Nummer ist eine strickte Maximal-eine-Person-im-Bad-Regel geworden.

Die Jungs und ich wollen uns einen gemütlichen Sonntag auf der Couch machen, vielleicht kommen Curley und Roy auch vorbei.

Ich bin gerade fertig mit Duschen und

frühstücke mit Damien und Elyas.

"Bleibt sie heute?", fragt Elyas.

Ich mag das Glitzern in seinen Augen nicht, wenn er mit ihr spricht. Und ich mag es überhaupt nicht, dass sowohl Elyas als auch Damien sich so gut mit ihr verstehen.

Honey wird nicht ein Teil dieser Gemeinschaft. Wenn überhaupt gehört sie mir, solange wir beide daran Spaß haben.

"Nein", antworte ich mürrisch.

"Ist da etwa jemand beleidigt?", stichelt Elyas.

Ich lasse den Löffel ein wenig energischer als nötig in meine leere Müslischüssel fallen.

"Ich habe sie nicht eingeladen, zu bleiben", stelle ich klar.

"Warum nicht?", fragt Damien und trinkt die restliche Milch mit diesem furchtbaren Schlürfgeräusch aus der Schüssel, dass es mir kalt den Rücken hinunterlaufen lässt.

"Weil sie nicht zu uns gehört." Was zum Teufel daran so schwer zu verstehen ist, kapiere ich nicht. Aber es nervt mich, dass sie sich in meine Sache mit Honey einmischen.

"Sie ist doch sowieso dauernd da. Und sie passt doch ganz gut …"

"Hör auf, Mann. Wir ficken miteinander, das wars!", unterbreche ich Elyas.

Ein leises Keuchen lässt mich zur Tür herumfahren.

Honey, wer sonst. Sie sieht aus, als hätte man sie geschlagen, dabei habe ich nur die Wahrheit gesagt.

"Willst du frühstücken?", frage ich im Versuch, dieses Gespräch klammheimlich unter den Teppich zu kehren.

"Arschloch", zischt sie, dreht auf dem Absatz um und geht.

"Verdammt", murmele ich. Mein Magen sagt, dass ich gerade ein wirklich großes Problem bekomme.

"Du bist ein Idiot, Riaz!", sagt Damien.

Hätte ich mehr Zeit, würde ich diesem Trottel den Schädel abreißen, aber ich muss mich um Honey kümmern.

Ich finde sie in meinem Zimmer, wo sie gerade ein paar ihrer Sachen zusammensucht.

"Was ist los, Süße?" Auf unwissend zu tun ist prinzipiell immer ein guter Plan.

"Du bist ein Arschloch, das ist los", zischt sie. Leider klingt ihre Stimme ein bisschen zittrig.

Der Gedanke, dass sie gleich heulen könnte, macht mich nervös. Je besser ich sie kenne, desto schlimmer wird dieses Gefühl, ihr Heulen nicht ertragen zu können.

"Ich habe doch nur die Wahrheit gesagt. Wir zwei haben Sex miteinander, das war's."

Sie fährt zu mir herum und sieht mich anklagend an. Ihre Augen sind bis zum Rand mit Tränen gefüllt und ihre Lippen zittern.

Mein Magen verkrampft sich. Ich will verdammt noch mal nicht, dass es ihr schlecht geht. Ich will erst recht nicht, dass es ihr meinetwegen schlecht geht, aber ich kann ihr nicht geben, was sie will.

Dann rollt die erste Träne über ihre Wange. Eine ohnmächtige Wut steigt in mir auf. Ich fühle mich irgendwie von ihr in die Ecke gedrängt und verraten.

Ich meine, wir hatten doch eine klare Abmachung. Ich habe von Anfang an gesagt, dass ich keine Beziehung will.

Dann schnieft sie dieses ganz spezielle Prinzessinnenschniefen.

"Nein, nein, nein!" Anklagend deute ich mit dem Finger auf sie. "Du hörst sofort auf zu heulen! Es war alles klar und ausgemacht, also hör jetzt auf!"

Sie schnieft noch einmal auf diese ganz besondere Art, die mir den Magen zusammenzieht. Diese Frau macht mich fertig, wirklich. Irgendwie schafft sie es mit

Leichtigkeit, meine Knöpfe zu finden.

Dieser Gedanke macht mich unglaublich wütend. Wie kann diese Frau aus dem Nichts auftauchen und eine Position einnehmen, die normalerweise nur Curley und June für sich beanspruchen?

"Es ist ja nicht gerade so, als könnte ich das steuern." Noch ein Schniefen, das mir wie ein Fausthieb in den Magen fährt. Ich hasse sie dafür, dass sie mich so verdammt leicht beeinflussen kann.

Ich hebe eine Augenbraue. "Nein?"

Vielleicht macht sie das alles ja nur, um mich zu manipulieren. Immerhin habe ich ihr mehr als einmal gesagt, dass ich mit dem Heulen nicht umgehen kann.

Ein Blick in ihr Gesicht sagt mir, dass ich unfair bin. Sie sieht aus, als hätte ich sie geschlagen.

Sofort bereue ich meine Anschuldigung. "Es tut mir leid, okay?" Ich will sie nicht absichtlich verletzen. Eigentlich will ich überhaupt nicht, dass es ihr schlecht geht. Schon gar nicht, weil ich ein Arsch bin.

Honey schüttelt den Kopf. "Nein, gar nichts ist okay."

Dann packt sie ihre Handtasche, drückt sich an

mir vorbei und verschwindet aus der Wohnung.

Einfach so, ohne ein weiteres Wort. Sie lässt mich hier stehen, als wäre ich es noch nicht einmal wert, ein klärendes Gespräch zu führen.

Ein bisschen fassungslos schaue ich auf mein Bett, in dem wir vor so kurzer Zeit noch ziemlich glücklich zusammen aufgewacht sind.

Was zum Teufel ist denn gerade schiefgelaufen?

Ich meine, ja, okay, ich habe mich vielleicht ein bisschen ungünstig ausgedrückt, aber muss sie deshalb gleich so an die Decke gehen? Und ist das nicht genau einer der Gründe, warum ich keine Beziehung will?

Das macht doch alles nur kompliziert. Nur Sex ist einfach. Nur Freundschaft ist einfach. Sex und Freundschaft schon schwieriger, das sehe ich gerade ganz deutlich bei Honey. Wenn dann noch Liebe dazukommt, haben alle Beteiligten ein sehr großes Problem.

Ich werfe einen Blick zurück über meine Schulter in Richtung Wohnungstür. Ich bin mir ziemlich sicher, dass Honey nicht zurückkommen wird.

Im Gegensatz zu meiner ersten Einschätzung von ihr ist sie eine verdammt starke, toughe Frau. Wahrscheinlich werde ich mich entschuldigen müssen, wenn ich jemals wieder mit ihr reden will. Der Gedanke, sie ganz zu verlieren, verursacht ein unangenehmes Brennen in meiner Brust. Ich habe mich einfach schon viel zu sehr daran gewöhnt, dass sie immer da ist.

Ich reibe mir über die brennende Stelle und gehe zu meinem Kleiderschrank, um mir einen Jogginganzug zu holen.

Nachdem ich mich angezogen habe, setze ich mich zu den anderen aufs Sofa. Der Film läuft bereits. Fluch der Karibik. Ich mag diesen Film eigentlich, aber dass genau in diesem Moment Will seine Angebetete küssen muss, nervt mich gewaltig. Was gar nichts damit zu tun hat, dass ich wieder an Honey denken muss.

Die Unterhaltung lasse ich in meinem Kopf immer und immer wieder Revue passieren. Ich habe nichts Falsches getan, zumindest fast nichts Falsches. Okay, zugegeben, ich habe mich nicht optimal ausgedrückt, und ich hätte ein bisschen sanfter vorgehen können, aber sonst muss ich mir wirklich keiner Schuld bewusst sein.

Den ganzen Tag lang drehen sich meine Gedanken im Kreis. Immer wieder sehe ich Honeys enttäuschtes Gesicht vor mir. Dieser mehr als nur anklagende Blick.

Ich meine, ich habe ihr niemals irgendwelche Versprechungen gemacht. Dafür bin ich überhaupt nicht der Typ. Ich sage immer geradeheraus, was ich denke, was mir ja heute wie nur allzu oft zum Verhängnis geworden ist.

Zum gefühlt eintausendsten Mal ziehe ich mein Handy hervor und starre auf das Display, auf dem keine Nachricht von ihr erscheint.

Ich weiß, dass ich ihr eigentlich nicht schreiben sollte, dass sie sich lieber erst ein wenig beruhigen sollte, und dann müsste ich Face-to-Face mit ihr reden … aber ich kann mich einfach nicht beherrschen.

R: Es tut mir leid, Babe. Es war nicht so gemeint.

Sie reagiert natürlich nicht darauf. Irgendwie habe ich auch nichts anderes erwartet. Und doch tut es weh, dass sie mich so einfach ignoriert. Ich meine, wir haben schließlich auch kein 08/15-Verhältnis miteinander. Das zwischen Honey und mir war irgendwie schon mehr als nur Sex.

Curley und Roy kommen und legen sich zu uns aufs Sofa. Wir haben die Couch seit der Nacht, in der Honey zum ersten Mal hier geschlafen hat, nicht mehr zusammengebaut.

Unser Wohnzimmer besteht also immer noch aus einer riesigen Liegefläche.

Ich glaube, Curley weiß bereits, was heute passiert ist, denn sie ist aus irgendeinem Grund sauer auf mich. Was sollte es anderes sein?

Da ich ihr Schweigen zusätzlich zu meinen sich im Kreis drehenden Gedanken absolut nicht ertrage, gehe ich schon am frühen Abend ins Bett.

Honey hat nicht geschrieben, auch nicht, als ich ihr eine zweite "Komm schon"-Nachricht geschrieben habe.

Ich bin ein bisschen nervös. Die Vorstellung, dass sie jetzt so einfach mit mir abgeschlossen hat, gefällt mir überhaupt nicht. Ich meine, natürlich bedeutet Honey mir etwas – wie auch nicht nach all der Zeit, die wir miteinander verbracht haben.

Ich werde morgen einfach bei ihr klingeln, dann muss sie mir schließlich antworten.

Damit habe ich einen Plan, und es ist ein guter Plan. Vielleicht kann ich jetzt sogar ein bisschen schlafen. Eher unwahrscheinlich, da ich, sobald ich meine Lider schließe, entweder Curleys anklagenden Blick sehe oder Honeys, in dem Moment, als sie ausgesehen hatte, als hätte ich sie geschlagen.

Ich glaube nicht, dass ich mich schon jemals

so dreckig gefühlt habe. Mein Herz setzt immer wieder zu kurzen Sprints an, die meine Kehle verdammt trocken machen und mich heftig schlucken lassen.

Je länger ich darüber nachdenke, desto sicherer wird eines: Ich will Honey nicht verlieren. Sie ist mir wichtig.

Am nächsten Morgen hilft mir noch nicht einmal eine kalte Dusche. Ich habe Augenringe bis zu den Kniekehlen, und mein Hals ist total verschnitten, weil ich mich absolut nicht aufs Rasieren konzentrieren konnte.

In meinem Kopf ist irgendwie nur Platz für Honey und für die Suche nach den Worten, die ich ihr sagen möchte, um sie zurück in mein Leben zu holen.

Die Auswahl ist gar nicht so einfach. Ich meine, ich will sie zurück. Ich will, dass sie nicht mehr sauer ist und dass alles genauso wird wie vorher.

Als ich in die Küche komme, sitzt dort Curley. Der Gedanke, dass sie geblieben ist und weder zu mir gekommen ist noch mir Bescheid gegeben hat, dass sie bei Damien schläft, schmerzt mich.

Ich liebe sie und gerade jetzt könnte ich sie wirklich gut gebrauchen.

Ich funkle alle vier böse an und stapfe ohne ein Wort zur Kaffeemaschine. Das Schweigen in der Küche ist drückend und ich hasse es. Deshalb trinke ich meinen Kaffee so schnell wie möglich und schaue dabei niemanden an.

Ich will nicht mit ihnen reden, will kein Verhör, aber vor allem will ich keinen von ihnen dafür anschreien, dass sie mich verdammt noch mal im Stich lassen.

Ich meine, noch sind sie doch meine Freunde und nicht Honeys, oder? Ich fühle mich irgendwie von ihnen verraten, auch wenn das alles absolut keinen Sinn macht.

Ich drehe mich um und verlasse die Küche.

"Was ist mit Frühstück?", ruft Curley mir hinterher.

"Keinen Hunger", brumme ich, und ich weiß, dass sie sich gleich darüber das Maul zerreißen werden.

Sollen sie doch, es interessiert mich nicht. Ich muss jetzt zu Honey und das klären.

Carmen jault auf, als ich aus der Parklücke schieße. Mit zu viel Gas, Honey hätte ich dafür geschimpft.

Ich habe gerade die Faust zum Klopfen an Honeys Tür erhoben, als sie diese schon öffnet.

Zuerst ist ihr Gesichtsausdruck erschrocken, dann wechselt er blitzschnell zu eiskalt.

"Hey", murmle ich und lasse die Hand sinken.

"Was willst du?" Ich kenne sie jetzt wirklich schon eine Weile, aber so kalt hat sie sich noch nie angehört.

"Reden." Ich höre selbst, wie lahm es klingt. "Komm schon, Baby … ich weiß, dass ich … na ja … ich hab mich ein bisschen unglücklich ausgedrückt."

Ich würde mich ohne Scheiß gern selbst ohrfeigen für dieses lächerliche Gestammel.

"Was willst du?", wiederholt sie, ohne eine Spur weicher zu werden.

Jetzt oder nie. Ich befürchte, wenn ich die Karten nicht auf den Tisch lege, werde ich Honey nicht zurückgewinnen. Aber ich will sie wiederhaben. Ich will, dass sie auf meine Nachrichten antwortet, und ich will verdammt noch mal nicht, dass sie mich so kalt ansieht.

"Du bist mir wichtig, Honey. Ich will das nicht einfach so verlieren."

Sie legt mir eine Hand auf die Brust und für einen winzigen Moment scheint die Welt sich langsamer zu drehen. Allein durch ihre Nähe ist alles ein bisschen besser.

Doch dann schiebt sie mich rückwärts, tritt

über die Schwelle und zieht die Tür hinter sich ins Schloss.

Ihre Augen wirken beinahe tot, als sie in meine blickt. Nicht traurig oder müde oder zornig. Sie sind völlig kalt, ausdruckslos. Blaue Gletscher, die überhaupt kein Gefühl verraten.

"Das ist bei Weitem nicht genug", sagt sie leise, dann geht sie an mir vorbei den Flur entlang, ohne ein einziges Mal zurückzusehen.

Der Anblick ihrer sich entfernenden Silhouette bricht mir das Herz. Ich habe das Gefühl, etwas ganz Besonderes verloren zu haben.

Und genau dieses Gefühl ist mir seit über 24 Stunden geblieben. Eineinhalb Tage sind vergangen. Es ist bereits spät am Abend, nur noch der Mond erhellt die Straße.

Dennoch sitze ich auf der breiten Fensterbrettsitzbank und starre nach draußen, als bestände tatsächlich die Möglichkeit, dass sie wiederkommt.

Aber das wird sie nicht, ich habe es in ihren Augen gesehen. Honey ist mit mir fertig, auch wenn ich es noch lange nicht mit ihr bin.

Ich weiß nicht genau, wie es passiert ist, aber irgendwie ist sie ein Teil meines Lebens geworden, den ich nicht so einfach aufgeben möchte. Auch wenn ich, theoretisch gesehen, gar keine Wahl habe.

Meine Zimmertür öffnet sich, aber ich wende den Blick nicht von der Straße ab. Ich bleibe einfach mit angezogenen Beinen auf der extrabreiten Fensterbank sitzen.

Ich rieche Curley, ihr unverwechselbares Kokosshampoo. Sie steht direkt neben mir, sagt aber nichts, und ich sehe sie auch nicht an. Ich will nicht, dass sie sieht, wie verdammt dreckig es mir geht.

Ich heule nicht, weil mich das bei anderen Menschen nervt und weil ich schon sehr früh gelernt habe, dass es so überhaupt nichts bringt, sich die Seele aus dem Leib zu heulen. Dass meine Augen brennen, kann ich aber leider nicht unterdrücken.

Wortlos schiebt Curley eines meiner Beine beiseite und setzt sich dann mit dem Rücken an meine Brust gelehnt dazwischen.

Eine ganze Weile sitzen wir einfach nur schweigend da, dann nimmt sie meine Hand und küsst die Handfläche, ehe sie sie auf ihren Kopf legt, damit ich mit ihren Haaren spielen kann.

Sie weiß genau, dass mich das beruhigt, zumindest normalerweise. Heute kann ich nur darüber nachdenken, wie unterschiedlich Curleys und Honeys Haare eigentlich sind.

"Ich war so lange blind dafür, was ich hatte, dass ich es beinahe verloren habe, erinnerst du dich?", fragt sie dann, ohne sich nach mir umzusehen.

Ich bin ihr dankbar dafür, weil ich mir sicher bin, dass ich das Durcheinander in mir nicht verbergen kann.

"Das ist etwas ganz anderes", murmle ich und spiele weiter mit ihren Haaren.

"Nein, ist es nicht. Ich habe ihn geliebt, schon immer, aber ich konnte es mir nicht eingestehen, weil mein Kopf einfach die immer gleichen Wege genommen hat, anstatt zu erkennen, was ich da so Wertvolles habe."

Für Curley mag das zutreffen, aber zwischen Honey und mir ist es etwas ganz anderes.

"Es war nur Sex, Babe."

Curley legt den Kopf zurück und schließt die Augen.

"So wie du hier sitzt und dein Herz sich nach ihr sehnt, kann es nicht nur Sex gewesen sein, Riaz. Ich kenne dich. Du hast sie in dein Herz gelassen, vielleicht liebst du sie sogar. Hör auf, dir was vorzumachen, nur weil du meinst, es sei der leichtere Weg." Seufzend schmiegt sie sich noch fester in meine Arme. Ich habe das vermisst, ich habe Curley unendlich vermisst … und doch … würde ich tauschen können, würde ich jetzt gern mit Honey hier so sitzen.

Die Bombe platzt völlig unvermittelt in meinem Inneren. Honey ist die erste Frau, die ich Curley vorziehen würde. Honey ist die erste Frau, die es geschafft hat, mein Herz zu erobern.

Ich weiß nicht einmal genau wie … ich meine, eigentlich ärgere ich mich die meiste Zeit über sie.

"Ihre Kleidung ist mindestens so fahrlässig wie ihr Fahrstil!", beschwere ich mich, und ich spüre, wie Curley in meinen Armen vor unterdrücktem Lachen zuckt.

"Und was genau stört dich daran, Kontrollfreak?"

"Ich bin kein Kontrollfreak", brumme ich. Nur weil der Rest unvernünftig ist, heißt das noch lange nicht, dass mit mir was nicht stimmt. "Und es stört mich, weil sie sich dabei sämtliche Knochen brechen könnte!"

Curley schweigt, und einen Moment später erkenne ich, worauf sie hinauswollte. Ich mache mir Sorgen um Honey, weil sie mir wichtig ist.

"Sie ist viel zu nah am Wasser gebaut", brumme ich, und ich weiß, dass das eine verdammt schlechte Ausrede ist.

"Dann sorg dafür, dass sie glücklich ist, Dummerchen", gibt Curley lachend zurück.

Womit wir auch schon beim Kernproblem wären. Etwas, worüber ich mit niemandem spreche. Es ist mein ganz eigenes Problem.

"Und was ist, wenn ich nicht gut genug bin? Wenn ich sie einfach nicht glücklich machen kann?", frage ich so leise, dass ich mir nicht sicher bin, ob Curley mich überhaupt verstanden hat.

Die Art, wie sich ihr Körper versteift, sagt mir leider, dass sie mich trotzdem gehört hat.

Ich würde die Worte gern zurücknehmen, will für mich behalten, was ich all die Jahre lang mit mir allein ausgemacht habe, aber es ist zu spät.

"Riaz …" Curley will sich zu mir umdrehen, aber ich lasse sie nicht. Ich kann ihr nicht in die Augen sehen.

Ich lehne meine Stirn an ihren Nacken und schließe die Augen, um das Brennen in ihnen zu vertreiben.

"Ich habe es nie geschafft, Babe. Ich konnte keinen von euch dreien wirklich glücklich machen."

Und bei Gott, ich habe es versucht. Ich habe alles dafür getan, dass sie lachen. Curley, June und meine Mum. Aber es hat nicht funktioniert.

Niemals. Ich war einfach nicht genug.

"Riaz, das stimmt nicht …"

Ich lege den Kopf zurück, weil ich spüre, dass ich die ein oder andere verdammte Träne nicht werde aufhalten können, und ich will absolut nicht, dass Curley mitbekommt, wie fertig mich das hier macht.

"Du hast mich mehr als nur einmal sehr glücklich gemacht, Riaz. Du hast mich mehr als nur einmal aus einem sehr tiefen Loch gezogen. Roy ist mein Seelenpartner, aber du bist einer der wichtigsten Menschen in meinem Leben."

Ich presse meine Lippen auf ihren Scheitel, weil ihre Worte mir unendlich viel bedeuten.

"Nicht genug." Für keinen von ihnen. Und genau deshalb werde ich auch für Honey niemals genug sein können.

"Das ist Bullshit, Riaz!" Roys Stimme ist ungewohnt scharf. Er ist doch nicht schon wieder eifersüchtig, nur weil ich Curley einmal für ein paar Minuten für mich habe?

Noch ehe ich protestieren kann, sagt er: "Du kannst dich doch nicht einfach hier verstecken, nur weil du Angst hast. Erinnerst du dich daran, wie sauer du auf mich warst, weil ich das Gleiche getan habe?"

Ich schnaube und ärgere mich gleich drauf

über mich selbst, weil ich das Honey vorgeworfen habe.

"Das ist nicht das Gleiche", brumme ich.

Roy lacht hart auf. So sarkastisch, wie ich ihn noch nie erlebt habe. "Du hast recht. Es ist nicht dasselbe. Es ist verdammt noch mal so viel leichter! Du hast doch nichts mehr zu verlieren!" Mittlerweile schreit Roy fast. "Was verdammt noch mal soll passieren? Sie ist bereits weg, also kann es nicht mehr schlimmer werden. Ich hatte die Wahl zwischen Pest und Cholera und der winzigen Chance, dass Curley mich genauso liebt. Du hast schon alles verloren, jetzt geh da raus und kämpf, verdammt noch mal!"

Roy macht mich wütend. Er hat leicht reden, er hat die Liebe seines Lebens gefunden.

"Und was soll ich machen, wenn es schiefgeht?", schreie ich genauso laut zurück.

Ein trockenes Lachen von der Tür lenkt meine Aufmerksamkeit auf Damien. "Dann hast du nichts verloren, Kumpel. Du bist auch jetzt schon allein."

Diese nüchterne Darstellung der Tatsachen trifft mich wie ein Faustschlag im Magen. Er hat recht. Ich habe sie bereits verloren; wenn ich nichts mache, ist Honey weg. Wenn ich zu ihr gehe und es zumindest versuche, habe ich die winzige Chance, dass am Ende alles gut gehen wird.

Roy scheint meine Gedanken zu lesen und zieht Curley zu sich, damit ich aufstehen kann. Ich sage kein Wort zu ihnen, bin viel zu vertieft in meine Gedanken.

Im Flur hält Elyas mir meine Jacke und meine Autoschlüssel entgegen. "Ich mochte sie, hol sie zurück", sagt er schlicht, als wäre es überhaupt kein Problem. Er sagt das, als würde er mich bitten, Milch aus dem Supermarkt mitzubringen. Seine Zuversicht lässt mich lächeln und schenkt mir ein klein wenig Vertrauen.

Wenn sie alle glauben, dass ich das schaffen kann, dass ich Honey glücklich machen kann … vielleicht kann ich es wirklich.

Ich jogge die Stufen nach unten. Die Fahrt durch die dunklen, mittlerweile ruhigeren Straßen Philadelphias zieht verschwommen an mir vorbei.

Carmen parke ich auf dem großen, fast leeren Parkplatz. Dann greife ich ins Handschuhfach und hole die mittlerweile beachtliche Sammlung pinker Blumen hervor. Sie lassen mich lächeln und geben mir Mut.

Ich meine, Honey hätte mir nicht all diese Nachrichten geschrieben, wenn ich ihr völlig egal wäre, oder?

Auf dem Weg nach oben lese ich eine nach der anderen. Sie sind alle süß, so typisch Honey. Ich klopfe an ihre Tür. Erst leicht, dann immer energischer.

Ich gehe hier nicht weg, nicht ohne sie. "Mach auf, Honey, ich weiß, dass du da bist", rufe ich, als ich zum x-ten Mal ein Rascheln auf der anderen Seite höre.

"Dein Bobbycar ist auf dem Parkplatz, Babe. Komm schon, mach die Tür auf."

Das Schnauben auf der anderen Seite lässt mich dieses Mal sogar lächeln.

"Ich könnte auch mit Karl unterwegs sein und die Entsorgung deiner Leiche planen", antwortet sie und öffnet die Tür einen Spaltbreit.

Sie sieht furchtbar aus. Ihre Augen sind ganz verweint, ihre Wangen eingefallen und ihr Gesicht ist blass.

"Mein Gott, Baby", flüstere ich und strecke eine Hand nach ihr aus.

Sie weicht zurück und schürzt verärgert die Lippen. "Du siehst genauso beschissen aus!", faucht sie.

Ich mache einen Schritt auf sie zu, um den Abstand wieder zu verringern.

"Ich sehe so beschissen aus, wie ich mich fühle … ohne dich." Die beiden Worte wollen nur schwer über meine Lippen. Es ist ein Geständnis, das wohl uns beiden das Genick brechen könnte.

"Ich habe kein Interesse an einem weiteren Fick", ätzt sie und ich zucke automatisch zusammen. Ich gehe noch einen Schritt auf sie zu und werfe die Tür ins Schloss.

"Für mich bist du viel mehr als das, und das weißt du auch!"

Sie weicht meinem Blick aus, was nur allzu deutlich sagt, was für große Kratzer ich auf ihrem Selbstbewusstsein hinterlassen habe.

Es dauert einen Moment, bis ich bemerke, woran ihr Blick hängen geblieben ist.

Langsam hebe ich ihre Nachrichten an. "Wenn du nicht viel mehr für mich wärst, meinst du, ich hätte jede einzelne Nachricht aufgehoben?"

Ich strecke meine Hand nach ihr aus, doch sie weicht erneut zurück.

"Sie sind alle noch da, Babe. Weil sie mir wichtig sind … weil sie von dir sind."

Dieses Mal greife ich blitzschnell nach ihrem Nacken, damit sie mir nicht wieder ausweichen kann. Ihre weiche Haut unter meinen Fingern zu spüren, lässt meinen ganzen Körper prickeln.

Honey ist augenblicklich wie erstarrt unter meiner Berührung. Mit dem Daumen streiche ich über ihre Wange.

In ihren wunderschönen blauen Augen steht so viel Unsicherheit, dass mein Magen sich zusammenkrampft.

Es ist allein mein Fehler, obwohl ich doch nichts mehr wollte, als sie glücklich zu machen.

"Es ist alles meine Schuld, Honey. Es tut mir so unendlich leid. Ich habe viel zu spät gesehen, was ich alles falsch gemacht habe."

Sie schüttelt energisch den Kopf. "Tu das nicht, Riaz. Mach das nicht, wenn du mich dann doch …" Sie verstummt und Tränen schwimmen in ihren Augen. Der Anblick schnürt mir die Kehle zu, aber ich muss es ertragen, weil ich daran schuld bin. "Hätte ich die Chance, alles noch mal von vorn zu machen, ich würde es anders machen. Ich würde dich glücklich machen, Honey. Alles, was ich vermeiden wollte, war, dich so traurig zu sehen."

Eine Träne rollt über ihre Wange. Ich küsse sie weg, doch sie schlägt mich auf die Brust.

"Geh weg, geh … bitte", flüstert sie und der Schmerz in ihrer Stimme zerreißt mir das Herz.

Ich lasse die Blumen los. Sie flattern um uns herum zu Boden, während ich meine Arme um Honey schlinge und sie fest an meine Brust ziehe. Ich halte sie fest, obwohl sie sich wehrt, will sie nie wieder loslassen.

"In meinem Leben gibt es nur eine Handvoll Menschen, die mir wirklich etwas bedeuten, Honey … und das hat einen guten Grund." Ich atme tief ein, muss das jetzt durchziehen, eine zweite Chance bekomme ich nicht. Nicht nach all dem, was ich ihr in den letzten Wochen angetan habe.

"Ich lasse niemanden nah genug an mich heran, weil ich nicht will, dass jemand enttäuscht von mir ist. Ich will keine Menschen mehr in meinem Leben, die ich nicht glücklich machen kann …" Meine Stimme bricht und Honey erstarrt in meinen Armen.

Es ist meine Chance, meine letzte, und ich habe das Gefühl, auf ganzer Linie zu versagen. Mein Herz rast unkontrolliert. Es fühlt sich an, als würde sie mir ganz langsam durch die Finger rinnen.

"Es fällt mir schwer, meine Freunde glücklich zu machen, ich weiß, dass ich bei June, meiner eigenen Schwester, die meiste Zeit über gnadenlos versage …" Mit einem Räuspern versuche ich den Kloß wegzubekommen, aber es gelingt mir nicht. Deshalb bleibt mir nur ein Flüstern. "Und ich weiß, dass ich meine Mum mein Leben lang nur enttäuscht habe. Ich habe es niemals geschafft, sie glücklich zu machen. Ich habe ihr nichts als Leid gebracht, ganz egal, wie sehr ich mich bemüht habe."

Ich atme tief durch und sehe nach unten, als ich bemerke, dass Honey den Kopf in den Nacken legt.

"Ich gebe mir dafür die Schuld und auch für alles, was dich unglücklich macht, Honey. Du hast dich in mein Herz geschlichen, ich will für dich da sein, ich will dich lieben und dich glücklich machen, aber ich weiß, dass ich es nicht kann", sage ich leise und spüre wieder dieses beschissene Brennen in den Augen.

"Woher willst du das wissen, wenn du es nicht versuchst?", flüstert sie und ich sehe auch in ihren Augen schon wieder Tränen.

"Ich könnte dich verletzen … mehr noch, als ich es ohnehin schon getan habe." Allein der Gedanke sorgt dafür, dass mein Herz zu rasen beginnt.

"Manche Abenteuer sind die Risiken wert. Wenn man nicht glücklich lebt, lebt man nicht richtig, Riaz." Sie klingt so verdammt sicher, als wüsste sie alles über das Leben. In diesem Moment beneide ich sie wirklich.

"Woher willst du wissen, ob ich es wert bin?"

Mit dem Zeigefinger fährt sie über meine Lippen.

"Bist du nicht gerade hier, um mir genau das zu beweisen?"

Ich schlucke schwer und lehne meine Stirn dann gegen ihre. "Wenn du mir noch eine Chance gibst, werde ich für dich da sein. Ich will dich glücklich machen."

Sie rückt noch ein kleines Stückchen näher, ihr Körper schmiegt sich an meinen, fühlt sich so verdammt vertraut und genau richtig an mir an.

"Gib mir einen Grund", flüstert sie. "Gib mir nur einen einzigen Grund, warum ich dir noch mal vertrauen sollte."

Ich lege meine Hände an ihre Wangen, für sie, für mich, ich weiß es ehrlich gesagt nicht. Vielleicht für uns beide.

"Weil ich dich liebe, Honey", flüstere ich und kann kaum atmen, so viel Angst machen mir diese Worte.

Die Tränen fließen schneller über ihre Wangen, verknoten meinen Magen und legen tonnenweise Steine auf meine Brust, die mir die Luft nehmen und den Brustkorb zudrücken.

Dann streckt sie sich mir entgegen und küsst mich federleicht auf die Lippen. "Ich liebe dich", sagt sie ebenso leise, genauso vorsichtig.

Ich schlinge meine Arme fester um sie, presse sie an mich. Ihre Worte tun mir unglaublich gut und machen mir unendlich viel Angst zugleich.

"Ich werde es schaffen, Babe. Ich verspreche es dir", flüstere ich und schiebe sie langsam rückwärts zu ihrem Sofa. Ich will mit ihr dort liegen, sie festhalten, ihr beweisen, wie viel sie mir bedeutet.

"Wir werden es schaffen", korrigiert sie mich.

Es fühlt sich gut an, als würde das alles ein klein wenig leichter machen.

"Wir schaffen das", bestätige ich ihr und ziehe sie mit mir aufs Sofa. Ich lasse sie nicht los, will, dass sie genauso auf mir liegt, als wäre sie meine Decke.

Honey ist mein perfektes Gegenstück. Vielleicht hat Curley recht, vielleicht gibt es für jeden von uns einen Seelenpartner, den wir einfach nur finden müssen.

Wenn das bedeutet, dass man einen Menschen wie Honey findet, ist es die Suche auf jeden Fall wert.

Wobei Honey ja mehr als nur einmal in mich stolpern musste, bis ich endlich in die Gänge gekommen bin.

Jetzt liegt sie auf mir, sieht mich mit diesen riesigen blauen Augen an.

"Ich liebe dich", sage ich noch einmal, weil es jetzt irgendwie leichter ist.

Als wäre ein Knoten geplatzt und all das müsste jetzt dringend über meine Lippen.

Ihr Lächeln ist unendlich weich. "Ich liebe dich auch, Riaz."

Dann verschließen ihre Lippen meinen Mund, und ich verliere mich in einem Kuss, der besser nicht sein könnte.

14. Epilog

"Lass deine Pfoten von ihr, Elyas!", knurre ich zum ich weiß nicht wievielten Mal in den letzten vier Wochen.

Honey ist fester Bestandteil unserer Clique geworden. Alle haben sie vorbehaltlos akzeptiert. Ich habe sogar ein klein bisschen das Gefühl, dass sie irgendwie erleichtert sind, dass ich Honey für mich gewonnen habe.

Manche von ihnen haben Honey aber ein bisschen zu sehr akzeptiert. Elyas zum Beispiel, der der Meinung ist, dass er mit Honey umgehen kann wie mit Curley, weil sie ja jetzt schließlich auch Teil der Gruppe ist.

"Denk doch mal so, dann geht es perfekt auf. Roy, Curley und Damien. Du, Honey und ich."

Knurrend rolle ich die quietschende Honey

über mich hinweg, bis sie wieder zwischen mir und der Wand liegt.

"Nur über meine Leiche!"

"Es sind meine Leichen!", wirft Honey lachend ein, die den Ernst der Lage noch nicht erkannt zu haben scheint.

"Such dir eine eigene Freundin", knurre ich und ziehe Honey an meine Seite.

Ja, vielleicht bin ich ein klein wenig besitzergreifend, was sie angeht, aber ich will Honey einfach nicht teilen.

Sie ist mein Seelenpartner. Es sollte sowieso eine Regel geben, dass sich da niemand anders mehr einmischen darf.

Elyas widmet sich unwillig dem Film und ich presse meine Lippen auf Honeys Scheitel.

Bislang mache ich, glaube ich, so ziemlich alles richtig. Honey ist glücklich, und selbst wenn es ihr einmal nicht so gut geht, schaffe ich es, sie wieder zum Lächeln zu bringen.

Ich bin so in meine Gedanken und meine Selbstanalyse vertieft, dass ich den Anfang der Unterhaltung nicht richtig mitbekommen habe.

"Du kannst doch unseren Wagen haben", sagt Damien in dem Moment.

"Wofür?", frage ich. Ich bin mir nicht sicher, ob ich es besser finde, dass sie mit der Rostlaube fährt als mit ihrem Elefantenrollschuh.

Dieser ist aber im Moment in der Werkstatt, um ihren letzten Mauercrash zu reparieren.

"Ich habe einen Termin beim Frisör heute Nachmittag", antwortet Honey.

"Würde das gehen? Das wäre genial!" Sie strahlt Damien an, als hätte dieser ihr gerade eine Reise nach Paris geschenkt.

"Klar, kein Problem", antwortet Elyas, ohne den Blick vom Fernseher zu lösen.

"Wow! Ich wollte schon immer mal Porsche fahren!" Ihre Augen funkeln so faszinierend aufgeregt, dass ihre Worte erst nach und nach zu mir vordringen.

Der Stille im Raum nach zu urteilen haben die anderen bereits verstanden, worum es geht.

Ich räuspere mich. "Porsche?"

"Na, Carmen, sie ist doch euer WG-Auto, oder?"

Ich schüttle langsam den Kopf und sehe, wie Honeys Lächeln in sich zusammenfällt. "Oh …" Es klingt so jämmerlich, dass sich mir der Magen zusammenzieht.

Mit einer Kleinigkeit, wie einer winzigen Fahrt mit Carmen, könnte ich sie verdammt glücklich machen.

Es fällt mir schwerer, als es sollte,

wahrscheinlich, weil ich weiß, was sie mit ihrem Smart gemacht hat und wie grauenvoll sie Auto fährt.

Aber es würde sie glücklich machen, feuere ich mich selbst an.

Das ist es doch, was ich immer wollte, Honey glücklich machen.

Ich versuche zu lächeln, was ihr leider nur ein verwirrtes Stirnrunzeln entlockt.

"Alles in Ordnung?", fragt sie und streichelt so zärtlich über meine Wange, dass ich mich ganz automatisch ein bisschen entspanne.

"Was hältst du davon, wenn ich dich zum Frisör begleite?"

Sie legt den Kopf schräg und mustert mich. "Du willst mich hinfahren?"

Ich schlucke schwer und denke daran, wie viel schlimmer alles kommen könnte. Ich denke an dieses eine fiese Bild, das ich immer mal wieder auf Facebook sehe, auf dem ein kleines Mädchen mit einem Schraubenzieher "I love you, Dad" in den Lack gekratzt hat.

Es muss überhaupt nichts passieren, es kann alles gut gehen.

"Ich dachte, du fährst und ich begleite dich."

Honeys Lächeln wird unglaublich weich, dann beugt sie sich zu mir und küsst mich so lang und leidenschaftlich, dass meine idiotischen Freunde ohne jeglichen Anstand zu johlen beginnen.

"Danke", flüstert sie, als sie sich schwer atmend von mir löst.

Ich lächle ein wenig verzweifelt. "Dank mir damit, dass du langsam fährst und mein Baby nicht umbringst, okay?"

Honey nickt schnell. "Ich verspreche es. Ich passe gut auf sie auf!"

Ein wenig entspannter atme ich aus und ziehe sie erneut an mich.

Als die anderen sich wieder dem Film widmen, flüstert Honey in mein Ohr: "Du bist ganz schön tapfer."

Ich presse sie an mich. "Du kannst froh sein, dass ich dich liebe. Sonst würdest du meine Carmen niemals in die Finger bekommen."

Sie legt einen Arm um meine Mitte und ich spüre ihr Grinsen an meiner Brust. "Ich liebe dich auch, Macho-Mann."

--ENDE--

LESEPROBE
PROTECT ME - LEVIN

1 SIE

<u>LEVIN</u>

Genervt saß er mit Rafael und Ricardo Lorca in einem kleinen, schummrigen Club in Southboston. Wobei Club nicht das richtige Wort dafür war. Es war eher eine Kellerabsteige, die der Besitzer in einen Privatclub verwandelt hatte.

Zutritt hatte hier bei weitem nicht jeder. Levin selbst war nur hereingekommen, weil er sich seit Monaten an die Fersen der Lorca-Zwillinge geheftet hatte.

Es war ein hartes Stück Arbeit gewesen, bis sie

ihm soweit vertraut hatten, um ihn hierhin mitzunehmen. Dieser unscheinbare Club war ein echter Insidertreff.

Dante, einer seiner Arbeitskollegen bei JB-Industrials, hatte Levin gesagt, er sollte besser versuchen an die Schwester der Zwillinge heranzukommen. Leichter gesagt, als getan, wenn diese wie vom Erdboden verschwunden war.

Solange von Jana-Ina also keine Spur zu finden war, blieb ihm nichts anderes übrig, als sich das Vertrauen der Zwillinge zu erkämpfen.

Und ganz langsam schien er auch Fortschritte zu machen. Immerhin war er jetzt schon mal im äußeren Kreis. Hier ging es zwar noch nicht um die richtig großen Deals, nach denen er für seinen Auftraggeber suchen sollte, aber immerhin war er schon auf dem Level des Drogenhandels angekommen.

Levin war von Anfang an nicht davon ausgegangen, dass es leicht werden würde, herauszufinden, wer hinter den Anschlägen auf JB-Industrials steckte.

Dass es aber sogar schwer werden würde herauszubekommen, wer überhaupt zur Chefetage gehörte, hätte er nicht erwartet.

Ein paar wenige Männer hatte er bereits identifizieren können. Meistens aber nur dann, wenn einer der Rangniederen einen Fehler machte oder aus der Reihe tanzte. Dann tauchte einer der großen Bosse auf und sorgte für geregelte Verhältnisse.

Das waren wirklich unangenehme Momente in seinem Job.

Diese Menschen gingen bei weitem nicht zimperlich miteinander um. Levin wollte sich lieber nicht vorstellen, was ihm passieren würde, wenn jemand herausfand, dass er ein Spitzel war.

Es reichte schon, dass ihn in seinen Albträumen Bilder von in Beton gegossenen Füßen und tiefen Flüssen verfolgten.

Schnell schüttelte er den Gedanken ab. Solange er cool blieb und sich unauffällig verhielt, würde nichts schief gehen.

Er ließ den Blick erneut durch den Club wandern. In all der Zeit, die er jetzt schon im Kreise der Lorca-Familie verbrachte, hatte er noch nicht einmal die Hälfte der hier Anwesenden jemals gesehen.

Schmierige alte Säcke, die mit viel zu jungen, viel zu freizügig gekleideten Frauen flirteten. Junge Männer, die es eindeutig darauf anlegten, die Karriereleiter weiter nach oben zu steigen. Ein paar Trottel, die alles dafür taten, sich im Dunstkreis dieser Menschen aufzuhalten.

Levin hätte am liebsten seinem Ekel freien Lauf gelassen. Aber er hatte einen Job zu erledigen und er machte ihn gut, so wie immer.

Seine Chefs Tyler Moreno, Dario Benson und

Ash Living verließen sich auf ihn. Sie glaubten an ihn und seine Fähigkeit, in diesem gefährlichen Undercovereinsatz zu bestehen.

Er würde alles in seiner Macht stehende tun, um diesem Terror ein Ende zu setzen.

Auch wenn er es niemals vor seinem Team zugeben würde, so gab es in diesem Einsatz auch Dinge, die gar nicht so schlecht waren.

Abgesehen von den kichernden Mädchen, gab es in diesem Club auch wirklich heiße Frauen, die an den Poledancestangen zwischen den Tischen tanzten.

Vier Tische weiter tanzte eine junge Frau, die sich in Sachen Beweglichkeit, Anmut und Erotik ganz eindeutig von den anderen Tänzerinnen abhob.

"Eure Getränke, Jungs", sagte die Bedienung und versperrte ihm mit ihrem üppigen Busen den Blick auf den Tabledance-Tisch.

"Danke, Belva", antwortete Rafael und tätschelte ihren Hintern.

Dann verschwand Belva endlich wieder aus seinem Sichtfeld und gab den Blick auf *SIE* frei.

"Junge, was ist denn los mit dir?", fragte Ricardo und stupste ihn freundschaftlich mit der Schulter an.

"Was?", fragte Levin verwirrt.

"Die schöne Belva presst dir quasi ihre Titten ins Gesicht und du hast noch nicht mal einen Blick für sie übrig?"

Levin rieb sich verlegen über den Nacken und beschloss, lieber bei der Wahrheit zu bleiben, deshalb nickte er in Richtung der Tänzerin.

"Sie gefällt mir besser."

Die Zwillinge folgten seinem Blick und brachen in schallendes Gelächter aus.

"Was?", fragte er, diesmal noch viel verwirrter.

"Sie ist wie ein Pitbull ohne Maulkorb. Lass lieber deine Finger von ihr, wenn du sie behalten möchtest", sagte Rafael und winkte dann einer anderen Frau.

Levin runzelte verwirrt die Stirn und beobachtete, wie die Poledancegöttin mit den nicht enden wollenden Beinen von dem Tisch stieg.

Im Gehen hob sie ihre vollen, dunklen Locken an und drehte sie zu einem lockeren Knoten.

Levin lächelte ihr entgegen, als sie direkt auf ihren Tisch zusteuerte.

Ricardo lachte wieder neben ihm. "Du wirst dir die Finger verbrennen." Dann breitete er seine Arme aus und legte sie um die Taille der Frau, die sich zu ihm beugte und ihn auf die Wange küsste.

Genau das Gleiche wiederholte sie bei Rafael und Levin stupste Ricardo an, damit der ihn endlich vorstellte.

Dieser seufzte gequält, sagte aber schließlich: "Jana, das ist unser Freund Levin. Levin, unsere Schwester Jana-Ina."

Levin musste sich zwingen, sein Lächeln aufrecht zu halten und dem Trottel neben sich nicht einen Magenschwinger zu versetzen. Hätte er ihm denn nicht früher sagen können, dass es sich bei ihr um seine Schwester handelte?

Diese Information wäre Levin deutlich lieber gewesen als die Warnung vor dem Pitbull.

Dann wäre ihm schon früher bewusst gewesen, dass diese anbetungswürdige Frau seine Zielperson war. Jana-Ina Lorca, 28 Jahre alt, Schlüssel zu Frederico Lorca, ihrem älteren Bruder, dem Menschen, zu dem sich alle Anschläge zurückführen ließen.

Beinahe schwarze, katzenhafte Augen musterten ihn, dann umspielte ein kleines Grinsen ihre vollen Lippen.

"Freut mich", sagte sie mit rauer Stimme und streckte ihm eine Hand entgegen. Sie hatte schlanke Finger mit langen, künstlichen Fingernägeln. Ihre Hände waren so perfekt und verführerisch wie der Rest ihres wohlgeformten Körpers. Schlank, aber nicht dünn. Volle Brüste, volle Hüften und ein runder, typisch brasilianischer Arsch.

Levin ergriff ihre Hand und zog sie an seine Lippen, konnte sich nicht davon abhalten, ihre Haut zu schmecken, die im schummrigen Licht des Clubs aussah wie dunkler Honig.

Die breiten Schultern und der selbstbewusste Gang waren ihr sofort aufgefallen, als Levin zusammen mit ihren Brüdern den Club betreten hatte.

Seine Art, sich zu bewegen, war kraftvoll und strotzte nur so vor Selbstbewusstsein und einem guten Körpergefühl.

Genau die beiden Komponenten, die wirklich hervorragenden Sex versprachen.

Die Zeit, bis der Song endlich zu Ende war und sie von diesem Tisch steigen konnte, war ihr endlos vorgekommen.

Auf der einen Seite hatte sie seine Blicke genossen, die sich wie Feuer auf ihrer Haut angefühlt hatten. Auf der anderen Seite hatte sie den Tanz endlich beenden wollen, um ihn genauer betrachten zu können.

Von nahem sah er fast noch besser aus. Seine Gesichtszüge waren maskulin und kantig, hohe Wangenknochen und die leicht schräg stehenden, dunkeln Augen ließen ihn exotisch aussehen.

Seine vollen Lippen fühlten sich auf ihrer Haut definitiv genauso weich an, wie sie aussahen.

Diese Berührung war unglaublich sinnlich und der Blick, den er ihr unter seinen langen Wimpern hervor zuwarf, war Verheißung pur.

Sie musste sich zusammenreißen, um weder

Atmung noch Körperhaltung zu verändern. Sie war sich der Blicke ihrer Brüder nur allzu bewusst, die jede noch so kleine Regung genauestens analysierten.

Und wenn man in dieser Familie eines nicht tun durfte, dann war es, Schwäche zu zeigen.

Ein noch so kleiner Fehler und sie würde sofort für die dreckigen Spielchen dieser Meute eingespannt werden. Das kam überhaupt nicht infrage.

Langsam, beinahe zärtlich drehte sie ihre Hand in Levins Griff und fuhr dann mit ihrem Daumen über seine Unterlippe. Sie genoss das raue Kratzen seiner Bartstoppeln an ihrer Handinnenfläche, die sich um sein Kinn legte.

Sie musste herausfinden, wie er in dieses ganze Bild passte, was er mit ihren Brüdern zu tun hatte und wie weit er in die Geschäfte hier verwickelt war. Dann würde sie entscheiden können, ob es sich lohnte, ein wenig Spaß mit ihm zu haben.

Er begegnete ihrem Blick unverwandt. Die Hitze, die sie in seinem las, ließ ihre Mitte prickeln. Sie leckte sich über die Unterlippe und spürte, wie sein Kiefer sich bei dieser kleinen Bewegung anspannte.

Seine Lippen verzogen sich zu einem kleinen Grinsen. Da erst bemerkte sie das Kichern ihrer Brüder.

Jana-Inas Augen verengten sich leicht, so sehr

ärgerte sie sich über ihren eigenen Fehler. Warnend drückte sie ihre Fingernägel in seinen Kiefer, aber Levin zuckte nicht zurück. Wenn überhaupt, wurde sein Blick noch heißer.

Dann drehte sie sich auf dem Absatz um und ging, ohne einen weiteren Blick zurück, zum Ausgang.

Ein Fehler vor ihren Brüdern reichte, zu mehr würde sie sich in deren Gegenwart bestimmt nicht provozieren lassen. Levin würde sie finden, wenn er wollte. Ihre Brüder würden ihm bestimmt dabei behilflich sein.

LEVIN

"Jesus, Baby", murmelte er, als die Frau seiner feuchten Träume ihren Beyonce-Arsch in Richtung Ausgang schwang.

Ricardo griff nach seinem Kinn und drehte Levins Kopf zu sich. "Blutet noch nicht mal, sie hat wohl echt was für dich übrig", sagte er lachend und stieß dann die Faust gegen Rafaels.

"Ich habe was für sie übrig", brummte Levin und lehnte sich zurück, um etwas mehr Platz für seine beginnende Erektion zu schaffen.

Jana-Ina war purer Sex. So verdammt heiß, dass er sich sicher war, dass er sich die Finger an ihr verbrennen würde.

Theoretisch sollte er sich von ihr fernhalten,

sollte versuchen, den Auftrag anderweitig zu lösen. Praktisch war das die vielversprechendste und vor allem heißeste Alternative.

Abschätzend musterte er ihre Brüder. Die beiden machten sich noch immer über die Reaktion ihrer Schwester lustig.

Das kam ihm zugute, auch wenn er selbst niemals so gehandelt hätte. Brüder, egal ob groß oder klein, sollten auf ihre Schwestern aufpassen und sie nicht den Löwen zum Fraße vorwerfen. Er würde jeden Mann in seine Schranken verweisen, der auch nur annähernd so über seine Schwester dachte.

Wut kochte in ihm auf. Diese unfähigen Idioten! Kein Wunder, dass Jana-Ina zum Pitbull werden musste, wenn niemand auf sie aufpasste.

Hör auf damit! Das kommt dir nur zugute! Sie ist dein Auftrag, mehr nicht!, schalt er sich selbst.

Es half nicht viel, die Verärgerung blieb ebenso wie die Sehnsucht nach ihr. In diesem Moment wünschte er sich nichts mehr, als ihr einfach nachzulaufen.

Ricardo hatte seine Nase mittlerweile tief in dem Dekolleté einer der Frauen vergraben. Levin stieß ihn an, um seine Aufmerksamkeit zu erregen.

Immer noch lächelnd sah dieser zu ihm herüber.

"Hast du ihre Nummer?", fragte Levin und nickte in die Richtung, in die Jana-Ina verschwunden war.

Die Zwillinge lachten. "Jana gibt uns ihre Nummer seit Jahren nicht mehr", sagte Rafael.

"Ja genau, wir haben sie wohl einmal zu oft verkauft", feixte Ricardo und schürte Levins Wut damit nur noch weiter.

Frustriert lehnte er sich zurück und verschränkte die Arme vor der Brust.

"Aber keine Sorge. Komm einfach morgen Nachmittag hierher, da wird sie zum Üben da sein", fügte Rafael hinzu, dem Levins Miene wohl nicht entgangen war.

"Zum Üben?"

Rafael nickte zu der Poledancestange. "Ist ihr Hobby und sie verdient sich damit was dazu."

Auch das konnte er nicht verstehen. Wenn eine seiner Schwestern sich für fremde Männer an so einer Stange räkeln würde, würde er ausrasten.

"Komm ich denn rein?", fragte er, da der Türsteher ihn vorhin ohne die Zwillinge bestimmt nicht in den Club gelassen hätte.

"Wir setzen dich nachher auf die Liste", sagte Ricardo, sichtlich abgelenkt von dem Lapdance, den er gerade bekam.

Levin nickte zufrieden. Zugang zu diesem Club zu bekommen, würde ihm so oder so nur Vorteile bringen. Viele Vorteile UND Jana-Ina.

Für meine echten Freunde, die mich auch mit all meinen Ecken und Kanten lieben.

Danke!

Rechtliches, oder was keiner lesen will und trotzdem drin stehen muss ...

Es handelt sich bei dem Buch um ein fiktives Werk. Ähnlichkeiten mit lebenden oder verstorbenen Personen, Orten oder Ereignissen sind rein zufällig. Markennamen, die genannt werden, sind Eigentum ihrer rechtmäßigen Eigentümer. Impressum: Herausgeberin Allie Kinsley, allie.kinsley@web.de. Ladungsfähige Adresse für Deutschland: Allie Kinsley, c/o Marant Business, Studio Delta, Haus B, Angerstr. 40-42, 04177 Leipzig.

23080796R00139

Printed in Poland
by Amazon Fulfillment
Poland Sp. z o.o., Wrocław